Zeitschrift für Controlling & Management

# Controlling & Management Review

**WHU**
Otto Beisheim School of Management

# Gesundheitswesen
## Bewährungsprobe für Controller

Springer Gabler

# Medizin-Controlling: Transparenz in einem komplexen Umfeld

**Liebe Leserinnen und Leser,**

das Gesundheitswesen ist ohne Zweifel ein sehr wichtiger Bereich moderner Volkswirtschaften. Dies gilt besonders für die hoch entwickelten Industrienationen. Sie kämpfen alle mit zwei Faktoren, die Gesundheit zunehmend unbezahlbar machen: mit der demografischen Entwicklung einerseits – weniger vornehm formuliert mit der Überalterung der Gesellschaft – und mit der geradezu explosionsartigen Entwicklung der medizinischen Möglichkeiten andererseits. Letztere erfordert zunehmend hohe Investitionen, die refinanziert werden müssen. Medizinische, ethische und ökonomische Aspekte sind unlösbar miteinander verknüpft. Erschwerend kommen zwei Aspekte hinzu: Zum einen liegt kein funktionierender Markt vor, denn Kranke sind keine souveränen Kunden. Zum anderen sind sehr unterschiedliche Akteure und Interessengruppen im Gesundheitswesen in ein enges Netzwerk eingebunden. Einfache Lösungen müssen scheitern. Jeder versucht, seine Interessen, geschützt durch die Komplexität des Gesamtsystems, durchzusetzen. In der Konsequenz haben wir ein Gesundheitssystem, das zu den teuersten der Welt zählt. Wer weiterhin jedem Bürger die Möglichkeiten moderner Medizin bieten will, muss helfen, alle Effizienzreserven im System zu heben.

Und genau an dieser Stelle kommt Controlling eine zentrale Rolle zu. Wie in Unternehmen auch, muss zunächst Transparenz geschaffen werden. Das Gesundheitssystem muss berechenbarer werden. Hier ist zum Beispiel auf der Seite der Krankenhäuser schon sehr viel passiert. Heute weiß man, was eine bestimmte Behandlung kostet und kosten darf. Damit wurden für die einzelnen Häuser erhebliche Leistungsanreize geschaffen, die ihrerseits einen erheblichen Handlungsdruck ausgelöst haben. Nicht alle Krankenhäuser werden diesem Druck standhalten. Wir werden in Zukunft weniger Krankenhäuser haben, die höher spezialisiert sind und damit sowohl auf der Kosten- als auch auf der Leistungsseite besser dastehen. Höhere Transparenz hilft auch, anstehende strukturelle Entscheidungen zu erleichtern, um die Arbeitsteilung

*Utz Schäffer*  *Jürgen Weber*

innerhalb des Gesundheitssystems zu verändern. Sie hilft, die Folgen opportunistischer Interessenpolitik einzelner Spieler zu bewerten.

Mehr Controlling ist nicht kostenlos. Ärzte in Krankenhäusern etwa stöhnen unter den administrativen Mehrbelastungen. Zudem besteht gerade in Krankenhäusern ein Fehlsteuerungsrisiko: Kosten sind leichter messbar als nicht-finanzielle Größen, finanzielle Zielgrößen lassen sich leichter nachhalten als manche nicht-finanzielle Nebenbedingung. Schnell gerät so das Gleichgewicht zwischen Kosten und Qualität der Leistungserstellung aus der Balance, schnell sind die dysfunktionalen Nebenwirkungen einseitiger Kostenorientierung und die Arbeitsverdichtung dem Controlling angelastet. In manchen Fällen wohl nicht einmal zu Unrecht. Dennoch führt kein Weg daran vorbei. Hier zu investieren, ist allemal besser, als medizinische Leistungen einschränken zu müssen, weil sie nicht mehr bezahlbar sind.

Viel Spaß bei der Lektüre wünschen Ihnen

Utz Schäffer  Jürgen Weber

# Sonderheft 3 | 2015

# Controller

# Aufgabenfelder

www.springerprofessional.de/cmr

## Rubriken

# Veränderungen

# Impressum

Controlling & Management Review
www.springerprofessional.de/cmr
Sonderheft 3 | 2015 | 59. Jahrgang
ISBN 978-3-658-12107-5
ISSN-Print 2195-8262
ISSN-Internet 2195-8270
Bis 2002: krp-Kostenrechnungspraxis
Bis 2012: ZfCM – Zeitschrift für Controlling & Management

**Verlag**
Springer Gabler / Springer Vieweg
Springer Fachmedien Wiesbaden GmbH
Abraham-Lincoln-Str. 46, 65189 Wiesbaden

**Geschäftsführer**
Armin Gross, Joachim Krieger,
Dr. Niels Peter Thomas

**Redaktion**
**Gesamtleitung Magazine:**
Stefanie Burgmaier

**Verantwortliche Redakteurin**
**Springer Gabler:**
Rechtsanwältin Vera Treitschke, LL.M.
Tel.: +49 (0)611 7878-135
vera.treitschke@springer.com

**Herausgeber:**
Prof. Dr. Utz Schäffer
WHU – Otto Beisheim School of
Management, Institut für Management
und Controlling (IMC), Burgplatz 2,
56179 Vallendar
www.whu.edu

Prof. Dr. Dr. h. c. Jürgen Weber
WHU – Otto Beisheim School of
Management, Institut für Management
und Controlling (IMC), Burgplatz 2,
56179 Vallendar
www.whu.edu

**Redaktion WHU:**
M.A. Brigitte Braun
Tel.: +49 (0)261 6509-486

Dipl.-Kfm. Babak Mirheli
Tel.: +49 (0)261 6509-466

M. Sc. Fabian Mohr
Tel.: +49 (0)261 6509-706

Mag. phil. Bernadette Wagener
Tel.: +49 (0)261 6509-488

Kontakt: cmr@whu.edu

Anzeigen und Produktion
**Gesamtleitung
Anzeigen und Märkte:**
Armin Gross

**Gesamtleitung Produktion:**
Dr. Olga Chiaros

**Verkaufsleitung
(verantwortlich für den Anzeigenteil):**
Eva Hanenberg
Tel.: +49 (0)611 7878-226
Fax: +49 (0)611 7878-430
eva.hanenberg@best-ad-media.de

**Anzeigendisposition:**
Monika Dannenberger
Tel.: +49 (0)611 7878-148
Fax: +49 (0)611 7878-443
monika.dannenberger@best-ad-media.de

Anzeigenpreise: Es gelten die Mediadaten
vom 1. Oktober 2014.

**Produktmanagement:**
Dipl.-Kfm. Philipp Holsen
Tel.: +49 (0)611 7878-293
philipp.holsen@springer.com

**Satz, Layout und Produktion:**
Iris Conradi

**Alle angegebenen Personen sind, sofern
nicht ausdrücklich angegeben, postalisch
unter der Adresse des Verlags erreichbar.**

Sonderdrucke
Martin Leopold
Tel.: +49 (0)2642 9075-96
Fax: +49 (0)2642 9075-97
leopold@medien-kontor.de

Leserservice
Springer Customer Service Center GmbH
Springer Gabler Service
Haberstraße 7, 69126 Heidelberg
Tel.: +49 (0)6221 345-4303
Fax: +49 (0)6221 345-4229
Montag bis Freitag 08.00 bis 18.00 Uhr
springergabler-service@springer.com

Druck
Phoenix Print GmbH,
Alfred-Nobel-Str. 33, 97080 Würzburg

Titelbild
© Jörg Block

Bezugsmöglichkeiten
Die Zeitschrift erscheint im Abonnement
sechsmal jährlich.

Bestellmöglichkeiten und Details zu den
Abonnementbedingungen finden Sie unter
www.mein-fachwissen.de/cmr.

Jährlich können ein bis vier Sonderhefte
hinzukommen. Der Preis pro Sonderheft
beträgt regulär 49,95 Euro, der Vorzugs-
preis für Abonnenten der Controlling &
Management Review 29,00 Euro. Die
Sonderhefte werden Abonnenten gegen
gesonderte Rechnung geliefert.

Bei Nichtgefallen können sie innerhalb einer Frist von drei Wochen an die Vertriebs-
firma zurückgesandt werden. Zusätzliche
Liefer- und Versandkosten fallen nicht an.

Jedes Jahresabonnement beinhaltet eine
Freischaltung für das Online-Archiv auf
Springer für Professionals. Der Zugang gilt
ausschließlich für den einzelnen Empfänger des Abonnements.

# Gesundheitswesen – Bewährungsprobe für Controller

Die Größe eines Wortes stellt die relative Häufigkeit in allen Beiträgen dar.

Pflegekräfte
gemeinsam
Kommunikation
medizinische
Prozesse
Kostenträger
Chefarzt
Ergebnisse
Steuerung
Qualität
Maßnahmen
Kosten
Entscheidungen
Patienten
Ärzte
Entwicklung
Krankenhäuser
wirtschaftlich
Kliniken
Berichte
Deckungsbeitrag
Personal
Risiken
Kennzahlen
Ziele
Behandlung
Analysen
Zahlen
Abteilungen
Zeit
Fallkosten
Krankenkassen
Informationen
Management
Berichtswesen
Transparenz
Leistungen

# Der deutsche Krankenhaus-Controller in Zahlen

Welche Rolle nehmen Krankenhaus-Controller gegenüber Klinikleitern ein? Welche Tätigkeiten prägen ihren Arbeitsalltag? Sind sie eher Spezialisten oder Generalisten? Eine jährliche Befragung der kaufmännischen Leiter deutscher Krankenhäuser beantwortet diese und weitere Fragen. Sie liefert konkrete Ansätze für eine Weiterentwicklung des Krankenhaus-Controllings.

*Nils Crasselt, Christian Heitmann, Björn Maier*

Seit der Einführung des DRG-Systems (Diagnosis-related-Group-System) vor gut zehn Jahren hat das Controlling in deutschen Krankenhäusern stark an Bedeutung gewonnen. In diesem neuen System werden Entgelte pauschal für verschiedene Behandlungsfälle bestimmt, je nachdem, welcher diagnosebezogenen Fallgruppen sie zugeordnet sind. Während früher die Ermittlung der abzurechnenden Kosten im Vordergrund stand, erfordert eine moderne, ergebnisorientierte Krankenhaussteuerung unter den Bedingungen dieses DRG-Systems umfassendere Controlling-Aktivitäten. Es gilt, die Planungs- und Kontrollaktivitäten des Krankenhaus-Managements im Hinblick auf die Umsetzung sowohl medizinischer als auch wirtschaftlicher Ziele zu unterstützen.

In einer seit 2011 jährlich durchgeführten Befragungsstudie wird regelmäßig der aktuelle Status quo des Controllings in deutschen Krankenhäusern erfasst (vergleiche Methodik-Kasten und Crasselt/Heitmann/Maier 2014). Neben anderen Themenfeldern liegt ein Schwerpunkt dieser Studie auf den folgenden Fragen zur organisatorischen Gestaltung der Controlling-Funktion sowie zur Rolle und zum Tätigkeitsprofil von Krankenhaus-Controllern:

- Wie gut sind Controlling-Abteilungen in Krankenhäusern personell ausgestattet? Wie verändert sich die Personalausstattung im Zeitablauf?
- Wie sind die Aktivitäten des medizinischen und kaufmännischen Controllings organisiert?
- Welche Rolle nehmen Krankenhaus-Controller ein? Begegnen sie dem Management als Business Partner oder sind sie überwiegend Daten- und Berichtslieferanten?
- Welche Tätigkeiten üben Krankenhaus-Controller im Alltag aus? Spiegelt sich das Rollenverständnis in ihrem Tätigkeitsprofil wider?

## Controller-Zahlen steigen

Was die personelle Ausstattung von Controlling-Abteilungen in Krankenhäusern betrifft, scheint der Trend aufwärts zu gehen. Zu den Veränderungen der letzten drei Jahre befragt, berichteten über 50 Prozent der Krankenhäuser von einem Anstieg der Controlling-Stellen im medizinischen und/oder kaufmännischen Controlling (**Abbildung 1**). Dabei fällt auf, dass die Zunahme im medizinischen Controlling insgesamt größer ausfällt als im kaufmännischen Controlling. In gut einem Drittel der Häuser ist die Stellenausstattung unverändert geblieben. Rückgänge bei der Stellenausstattung oder eine Verschiebung zwischen medizinischem und kaufmännischem Controlling sind nur in wenigen Ausnahmefällen zu beobachten.

Im Durchschnitt kommen in den an der Befragung teilnehmenden Krankenhäusern rund fünf Controller auf 1.000 Beschäftigte. Hinter dieser durchschnittlichen Quote von 0,5 Prozent der Beschäftigten verbirgt sich allerdings eine große Vielfalt. Gerade in kleinen Krankenhäusern bedeutet sie oft, dass Controller in sehr kleinen Abteilungen oder sogar fachlich ganz auf sich allein gestellt arbeiten. In rund einem Fünftel der Krankenhäuser gibt es nur bis zu einer vollzeitäquivalenten Stelle, die mit Controlling-Aufgaben

*Prof. Dr. Nils Crasselt*
*ist Inhaber des Lehrstuhls für Controlling an der Bergischen Universität Wuppertal.*

*Dr. Christian Heitmann*
*ist Partner und Leiter des Bereichs Health Care der Management-Beratung zeb.*

*Prof. Dr. Björn Maier*
*ist Vorsitzender des Vorstands des DVKCs und Studiendekan im Bereich Gesundheitswirtschaft der Dualen Hochschule Baden-Württemberg.*

Nils Crasselt
Bergische Universität Wuppertal,
Wuppertal, Deutschland
E-Mail: crasselt@wiwi.uni-wuppertal.de

Christian Heitmann
zeb.rolfes.schierenbeck.associates GmbH,
Münster, Deutschland
E-Mail: cheitmann@zeb.de

Björn Maier
Deutscher Verein für Krankenhauscontrolling e. V.
(DVKC) und Duale Hochschule Baden-Württemberg,
Mannheim, Deutschland
E-Mail: bjoern.maier@dhbw-mannheim.de

## Methodik

Der Deutsche Verein für Krankenhauscontrolling e. V. (DVKC), der Lehrstuhl für Controlling der Bergischen Universität Wuppertal und die Management-Beratung zeb führen seit 2011 einmal jährlich eine Befragung zum Stand und zu Entwicklungstendenzen des Controllings in deutschen Krankenhäusern durch (vergleiche Crasselt/ Heitmann/Maier 2014). Die Befragung richtet sich an die kaufmännischen Leitungen aller circa 2.000 deutschen Krankenhäuser, denen der Fragebogen in gedruckter Form zugesandt wird. Alternativ kann der Fragebogen auch online ausgefüllt werden. Die hier präsentierten Ergebnisse basieren auf der im Zeitraum Mai bis Juli 2014 durchgeführten vierten Befragungsrunde mit Antworten aus 145 Krankenhäusern. Der Rücklauf entspricht rund sieben Prozent der Grundgesamtheit, die hinsichtlich zen-

traler Merkmale (insbesondere Größe, Trägerschaft, geografische Verteilung) durch die Stichprobe gut repräsentiert wird. Thematisch deckt die Studie ein breites Spektrum ab. Neben den hier im Fokus stehenden Fragen zur Organisation des Krankenhaus-Controllings sowie zur Rolle und zum Tätigkeitsprofil von Krankenhaus-Controllern werden Fragen sowohl zu klassischen Aufgabengebieten wie Berichtswesen, Planung und Kosten-/Erlössteuerung als auch zu neueren Aufgaben wie Liquiditätssteuerung, Risiko-Controlling und zur Steuerung in Verbünden und Konzernen gestellt. In einem gesonderten Abschnitt des Fragebogens werden seit 2013 die Konsequenzen der Einführung des pauschalierenden Entgeltsystems in psychiatrischen und psychosomatischen Einrichtungen (PEPP) für das Controlling behandelt.

betraut ist. Mehr als drei Stellen sind es nur in einem Drittel der Einrichtungen. Anders stellt sich die Situation in großen Krankenhäusern dar. Hier liegt die Stellenzahl zumeist deutlich höher, mitunter sogar im unteren zweistelligen Bereich. Jedoch nimmt die Anzahl der Controller nur unterproportional mit der Größe der Einrichtungen zu. Während kleine Krankenhäuser (unter 300 Betten) durchschnittlich 6,6 Con-

trolling-Stellen pro 1.000 Beschäftigte aufweisen, liegt die durchschnittliche Controller-Quote in mittelgroßen Häusern (300 bis 599 Betten) bei 4,6 und in großen Häusern (600 und mehr Betten) bei 3,4 Stellen. Ganz ähnliche Ergebnisse ergaben auch frühere Befragungsrunden.

## Nach Aufgabenbereichen organisiert

Die Organisation des Krankenhaus-Controllings ist geprägt durch eine Trennung des medizinischen und des kaufmännischen Controllings (**Abbildung 2**). In zwei Dritteln der Häuser sind diese Aufgabenbereiche auf getrennte Abteilungen verteilt, bei weiteren rund 13 Prozent gibt es dafür eine getrennte personelle Verantwortung innerhalb einer gemeinsamen Abteilung. Eine solche organisatorische Trennung hat Vor- und Nachteile. Einerseits lassen sich dadurch Spezialisierungsvorteile nutzen, andererseits entstehen aber auch zusätzliche Schnittstellen, die einen effektiven Austausch zwischen den beiden Aufgabenbereichen erschweren können. Insbesondere kann die Trennung dazu führen, dass Erlöse und Kosten voneinander losgelöst betrachtet werden: Während sich die Medizin-Controller ausschließlich um die Leistungsseite eines Krankenhauses und damit um die Erlöse kümmern, befassen sich die kaufmännischen Controller vornehmlich mit der Kostenseite. Ohne eine integrierte Betrachtung besteht die Gefahr, dass Unwirtschaftlichkeiten unentdeckt bleiben. Aus Sicht der meisten Krankenhäuser über-

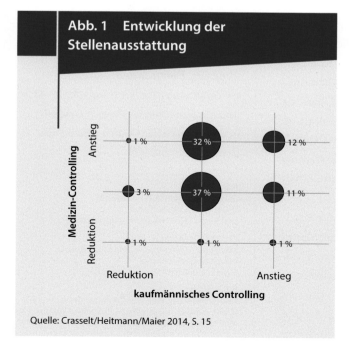

**Abb. 1    Entwicklung der Stellenausstattung**

Quelle: Crasselt/Heitmann/Maier 2014, S. 15

wiegen aber offensichtlich die Vorteile der Spezialisierung gegenüber den möglichen Nachteilen. Eine gemeinsame Verantwortung für beide Aufgabenbereiche findet sich besonders häufig in kleinen Krankenhäusern, die möglicherweise gar nicht über die personellen Ressourcen für eine Trennung verfügen.

## „Was die personelle Ausstattung von Controlling-Abteilungen betrifft, scheint der Trend aufwärts zu gehen."

Eine neuere Entwicklung, die durch die Befragung erkennbar wird, ist die Etablierung eines eigenständigen Controllings für die Pflegeaktivitäten. Bisher hat etwa jedes achte Krankenhaus einen solchen gesonderten Aufgabenbereich eingerichtet, ebenso viele planen zurzeit dessen Aufbau. Auch hier macht die Größe einen erheblichen Unterschied. Während 45 Prozent der großen Häuser ein gesondertes Pflege-Controlling planen oder sogar bereits eingerichtet haben, sind es bei kleinen Häusern nur 22 Prozent.

Die Studie gibt auch Hinweise darauf, in welchem Maße das Risiko-Management als eine Controlling-Aufgabe gesehen wird. Dies ist vor allem beim Umgang mit ökonomischen Risiken der Fall, deren Überwachung in 59 Prozent der Krankenhäuser von den Controlling-Abteilungen (inklusive Rech-

### Zusammenfassung

● Eine regelmäßig durchgeführte Befragung kaufmännischer Leiter von Krankenhäusern gibt Einblick in den Status quo und die Entwicklung des Krankenhaus-Controllings.

● Insbesondere wird deutlich, wie Controlling-Abteilungen in Krankenhäusern personell aufgestellt sind, wie sie organisiert sind, wie sie ihre Rolle verstehen und welchen Tätigkeiten sie sich vor allem widmen.

● Aus den Ergebnissen der Studie wird erkennbar, welche Ansatzpunkte es für eine Weiterentwicklung des Krankenhaus-Controllings gibt.

nungswesen) verantwortet wird. Die Überwachung medizinischer und rechtlicher Risiken fällt hingegen meist nur dort in den Verantwortungsbereich des Controllings, wo die Verantwortung für das gesamte Risiko-Management in einer Abteilung gebündelt ist. Gibt es keine gemeinsame Abteilung für Risiko-Management, ist häufig das Controlling für ökonomische Risiken, das Qualitäts-Management für medizinische Risiken und eine Stabstelle des Vorstands für rechtliche Risiken zuständig.

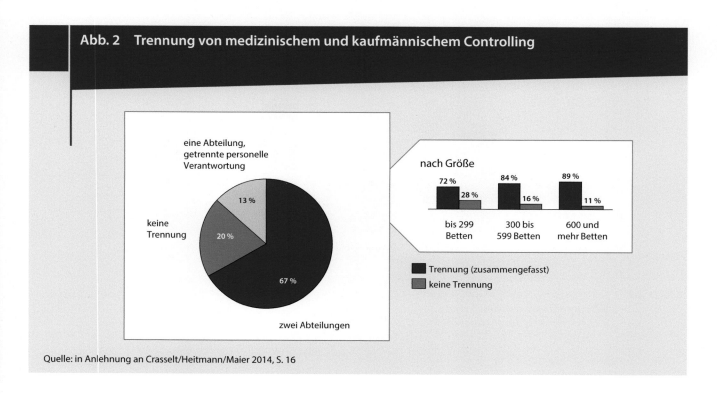

**Abb. 2    Trennung von medizinischem und kaufmännischem Controlling**

eine Abteilung, getrennte personelle Verantwortung

keine Trennung

13 %

20 %

67 %

zwei Abteilungen

nach Größe

72 %    28 %    84 %    16 %    89 %    11 %

bis 299 Betten    300 bis 599 Betten    600 und mehr Betten

■ Trennung (zusammengefasst)
■ keine Trennung

Quelle: in Anlehnung an Crasselt/Heitmann/Maier 2014, S. 16

## Mit dem Management aktiv kommunizieren

In einem modernen Verständnis gelten Controller als Partner des Managements, deren Aufgaben über das Zusammenstellen und die Analyse von Daten hinausgehen. Sie stehen dem Management aktiv beratend zur Seite und wirken in Entscheidungsprozessen unterstützend mit. Auch in rund einem Viertel Krankenhäuser nehmen Controller die Rolle eines solchen „Business Partners" mit einer aktiven Einbindung in die Entscheidungsprozesse der Geschäftsleitung ein (**Abbildung 3**).

*„In zwei Dritteln der befragten Häuser sind medizinisches und kaufmännisches Controlling organisatorisch getrennt."*

Weitere 32 Prozent der Krankenhaus-Controller werden zwar nicht in die Entscheidungsfindung einbezogen, kommunizieren die Inhalte von Berichten aber aktiv an die Berichtsempfänger. Interessant ist eine Analyse nach Größenklassen: Dabei zeigt sich, dass Controller in kleinen und mittelgroßen Krankenhäusern mit 28 Prozent beziehungsweise 25 Prozent deutlich häufiger nicht nur aktiv beraten, sondern auch in die Entscheidungsfindung der Geschäftsführung einbezogen werden als in großen Krankenhäusern, in denen dies nur bei

15 Prozent der Fall ist. Eine mögliche Erklärung für die größere Einbindung von Controllern in kleinen Häusern ist, dass sich dort kaufmännische Leitungsaufgaben eher auf wenige Personen konzentrieren.

Die Rolle der Controller wurde nicht nur im Verhältnis zur Gesamtgeschäftsführung, sondern auch im Verhältnis zur Führung der leistungserbringenden Einheiten – also insbesondere den Chefärzten und den leitenden Oberärzten in den medizinischen Fachabteilungen – abgefragt. Hier werden Controller seltener unmittelbar in die Entscheidungsfindung einbezogen, dafür ist der Anteil der Controller höher, die Inhalte von Berichten aktiv kommunizieren. Die am häufigsten bereitgestellten Berichte sind dabei Berichte über medizinische Leistungskennzahlen und Kostenberichte (vergleiche Crasselt/Heitmann/Maier 2014, S. 18 ff.).

Rückschlüsse auf das Verhältnis zwischen Controllern und der Leitung der Fachabteilungen ermöglichen auch andere Aspekte der Befragung. Interessant ist vor allem, ob die leistungserbringenden Einheiten in langfristige, mehrjährige Planungen einbezogen werden, eine aktive Kommunikation also auch in die Gegenrichtung stattfindet oder eingefordert wird. Dabei zeigt sich, dass in 78 Prozent jener Krankenhäuser, deren Controller aktiv an die Fachabteilungen kommunizieren oder von diesen sogar in die Entscheidungsfindung einbezogen

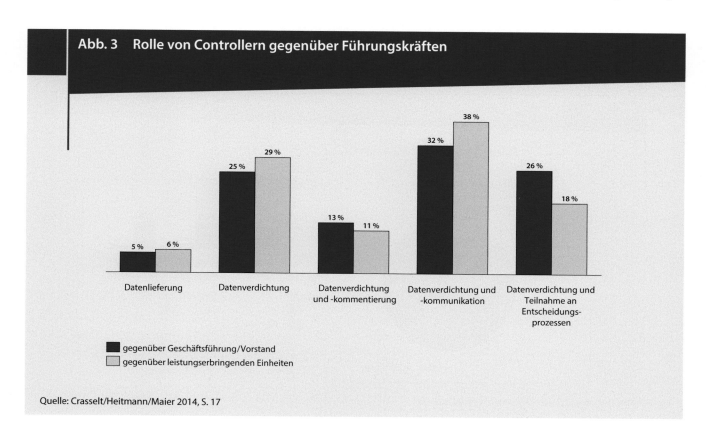

**Abb. 3   Rolle von Controllern gegenüber Führungskräften**

Quelle: Crasselt/Heitmann/Maier 2014, S. 17

werden, die Fachabteilungen ihrerseits auch in den Planungsprozess einbezogen werden. In Krankenhäusern, in denen die Controller nicht aktiv an die Fachabteilungen kommunizieren und auch nicht in deren Entscheidungsprozesse einbezogen werden, sind es hingegen nur 67 Prozent.

## Datenaufbereitung ist Hauptbeschäftigung

Die Teilnehmer wurden auch gefragt, wie sich die Arbeitszeit der Controller anteilsmäßig auf verschiedene Routinetätigkeiten – von der Datensammlung über die Datenanalyse bis hin zur Kommunikation der Analyseergebnisse – verteilt (**Abbildung 4**). Dabei zeigt sich zum einen erneut, dass die Kommunikation von Analyseergebnissen fester Bestandteil des Aufgabenfeldes der meisten Controller ist und nur in Ausnahmefällen (drei Prozent) gar nicht zu den Controller-Aufgaben gehört. Zum anderen wird aber auch deutlich, dass die Kommunikation zeitlich nur einen geringen Anteil des Arbeitsalltags einnimmt. Der größte Teil der Arbeitszeit wird hingegen für die Datenzusammenführung und insbesondere die Datenaufbereitung und -analyse verwendet. Erwartungsgemäß zeigt sich bei einer tiefergehenden Analyse, dass Controller, die sich in der Rolle eines Business Partners sehen, einen größeren Anteil ihrer Arbeitszeit in die Kommunikation und Kommentierung ihrer Berichte investieren.

Neben den in **Abbildung 4** aufgeführten Routinetätigkeiten wurde auch gezielt nach der Überprüfung und Weiterentwicklung der Controlling-Systeme gefragt. Fast alle Teilnehmer geben an, dass diese Tätigkeiten zu ihrem Aufgabenfeld gehören. Allerdings werden sie nur in rund 60 Prozent der

## „Eine neuere Entwicklung ist die Etablierung eines Pflege-Controllings."

Krankenhäuser regelmäßig wahrgenommen. Die übrigen Studienteilnehmer beschäftigen sich nur anlassbezogen mit der Gestaltung der Controlling-Systeme. Dabei liegt der Anteil derer, die die Systeme regelmäßig überprüfen, in großen Häusern weitaus höher als in kleinen Häusern.

## Was sich ändern sollte

Die Studie liefert klare Ansatzpunkte für eine Weiterentwicklung des Krankenhaus-Controllings in der Praxis. Ein wichtiger Befund ist die überwiegende Trennung zwischen medizinischem und kaufmännischem Controlling. Sie kann das typische Spannungsverhältnis zwischen Führungskräften der beiden Bereiche noch verstärken. Um erfolgreich zu wirtschaften, sollten sich aber beide Seiten gemeinsam den Her-

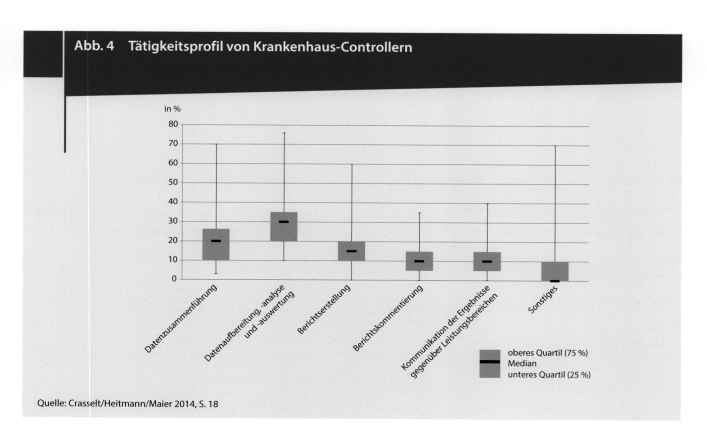

**Abb. 4  Tätigkeitsprofil von Krankenhaus-Controllern**

in %

oberes Quartil (75 %)
Median
unteres Quartil (25 %)

Quelle: Crasselt/Heitmann/Maier 2014, S. 18

**Kernthesen**

• Viele Krankenhäuser verzeichnen einen Zuwachs bei der Personalausstattung im Controlling.

• Insbesondere in kleinen Krankenhäusern sind Controller oft Einzelkämpfer.

• Zwischen medizinischem und kaufmännischem Controlling gibt es in den meisten Krankenhäusern vermeidbare Schnittstellen.

• Das Tätigkeitsprofil von Krankenhaus-Controllern ist geprägt von der Sammlung und Analyse von Daten.

• Krankenhaus-Controller, die sich als Business Partner verstehen, binden die ärztlichen Führungskräfte stärker in Planungsprozesse ein.

ausforderungen stellen und sich nicht einseitig auf die Leistungs- beziehungsweise die Erlösseite einerseits und die Kostenseite andererseits konzentrieren. Es erscheint deshalb wünschenswert, für die Zukunft ein integriertes Controlling zu entwickeln, das die notwendige Spezialisierung aufrechterhält und gleichzeitig eine integrierte Steuerung von Kosten und Erlösen ermöglicht.

Darüber hinaus zeigen die Analysen, dass die von Controllern in deutschen Krankenhäusern eingenommene Rolle einen Einfluss darauf hat, in welcher Weise die ärztlichen Führungskräfte in die betriebswirtschaftlichen Abläufe eingebunden werden. In Krankenhäusern, in denen sich Controller als

*„In kleineren Häusern werden Controller häufiger in die Entscheidungsfindung einbezogen als in großen Krankenhäusern.“*

Business Partner sehen, werden ärztliche Führungskräfte umfassender und proaktiver in den Planungsprozess eingebunden. Krankenhaus-Controller sollten demnach noch intensiver eine aktiv beratende und kommunizierende Rolle einnehmen, und die Führungskräfte sollten sie diese Rolle auch wahrnehmen lassen.

### Literatur

Crasselt, N./Heitmann, C./Maier, B. (2014): Controlling im deutschen Krankenhaussektor, Studienergebnisse zum aktuellen Stand und zu Entwicklungstendenzen des Controllings in deutschen Krankenhäusern 2014, Münster.

---

**⑤ᴾ Zusätzlicher Verlagsservice für Abonnenten von „Springer für Professionals | Finance & Controlling"**

| Zum Thema | **Controlling im Krankenhaus** | 🔍 Suche |
|---|---|---|

**finden Sie unter www.springerprofessional.de 1.185 Beiträge, davon 291 im Fachgebiet Finance & Controlling**  Stand: September 2015

**Medium**

☐ Zeitschriftenartikel (132)
☐ Buch (1)
☐ Buchkapitel (1.052)

**Sprache**

☐ Deutsch (1.136)
☐ Englisch (49)

**Von der Verlagsredaktion empfohlen**

Grube, R. (2013): Controlling im Krankenhaus – eine Grundvoraussetzung für effiziente Organisation, in: Dilcher, B./Hammerschlag, L. (Hrsg.): Klinikalltag und Arbeitszufriedenheit – Die Verbindung von Prozessoptimierung und strategischem Personalmanagement im Krankenhaus, 2. Auflage, Wiesbaden, S. 55-64.

www.springerprofessional.de/4473186

Lachmann, M. (2011): Empirische Untersuchung zum Einsatz von Controllinginstrumenten in Krankenhäusern, in: Lachmann, M. (2011): Der Einsatz von Controllinginstrumenten in Krankenhäusern – Verbreitung, Kontextfaktoren und Erfolgspotenziale, Wiesbaden, S. 102-243.

www.springerprofessional.de/1811804

# Medizin-Controller und Chefarzt – Ein starkes Team?

Das Verhältnis von Medizin-Controller und Chefarzt ist oft von Missverständnissen und von Misstrauen geprägt. Aus Sicht des Chefarztes muss sich noch vieles in der Zusammenarbeit zwischen den beiden Berufsgruppen ändern, damit wirtschaftliche und politische Vorgaben die richtigen Ergebnisse – vor allem auch im Sinne der Patienten – erzielen.

*Walter Richter*

Die zunehmende Ökonomisierung im Krankenhaus lässt Chefärzte der alten Generation erschaudern. Die Zeit der Alleinherrschaft des Chefarztes in der Klinik ist vorbei. Betriebswirte haben vor circa 20 Jahren das Ruder in die Hand genommen, und in den Medien werden die Geschäftsführer oftmals sogar als die Leiter einer Klinik wahrgenommen. Betrachtet man jedoch die ureigene Aufgabe eines Krankenhauses, so ist der leitende Arzt einer Klinik letztverantwortlich für den gesamten Behandlungsverlauf eines Patienten – von der Aufnahme bis zur Entlassung. Dabei ist dieser auf ein kooperatives Prozess-Management vieler verschiedener Berufsgruppen angewiesen und muss dies koordinieren (vergleiche Hellmann 2014, 136 f.). Die Außendarstellung und Personalführung gehören ebenso zu seinen Aufgaben wie die Einhaltung des Budgets.

Der Chefarzt kann diese Schieflage in seiner Außenwirkung beklagen, er kann aber auch versuchen, gemeinsam mit der Geschäftsführung gute strategische Entscheidungen zu treffen. Erschwert wird dies allerdings durch ein massives Ungleichgewicht in Bezug auf den Zugang zu den wesentlichen Unternehmensdaten, die typischerweise das Controlling liefert (vergleiche Neelmeier 2012, S. 65). Die Information, die den Chefarzt erreicht, ist durch die Geschäftsführung gefiltert.

Auf der Grundlage der medizinischen Notwendigkeiten, der finanziellen Möglichkeiten und der zu erwartenden politischen Bedingungen müssen Strategie und Ausrichtung eines Krankenhauses geplant werden. Das Medizin-Controlling ist in vielen Kliniken als Stabsstelle an die Geschäftsführung angeschlossen und berichtet dort die gesammelten Daten des gesamten Krankenhauses. Leitende Ärzte einer Fachabteilung, für die zum Beispiel Informationen über freie Kapazitäten an anderen Stationen hilfreich sein könnten, haben dementsprechend nur die Möglichkeit, an Ergebnisse der anderen Kliniken eines Krankenhauses zu kommen, wenn sie sich untereinander gut verstehen und die richtigen Daten selbst kommunizieren. Gerade junge Chefärzte belegen deshalb schon in ihrer Zeit als Oberarzt berufsbegleitend Health-Management-Kurse. Sie wollen fachübergreifendes Verstehen lernen. Teilweise werden entsprechende Ausbildungen an Universitäten angeboten, teilweise aber auch in Seminaren von der Ärztekammer. Die Seminare informieren über gesundheitspolitische und ökonomische Eckdaten des Gesundheitswesens und zeigen lösungsorientierte Ansätze für wirtschaftliches Handeln im Krankenhaus auf, insbesondere im Bereich Controlling. Die Notwendigkeit, die Mediziner in der Teilnahme an derartigen Schulungen sehen, resultiert aus ihrem traditionellen Misstrauen gegenüber allen Mitarbeitern der Verwaltung.

Über 70 Prozent der Kliniken befinden sich zurzeit in einer Restrukturierungsphase (vergleiche Roland Berger 2015). Die Steigerung der stationären Erlöse ist dabei die wichtigste Aufgabe, gefolgt von einer Reduktion der Sachkosten. Gleichzeitig sind die Krankenhäuser auf der Suche nach dem richtigen Management: Über die Hälfte wechselte in den vergangenen drei Jahren zumindest einen Teil ihrer Geschäftsführung aus (vergleiche Roland Berger 2015) – ein enormer Unterschied zu den leitenden Ärzten, die in der Regel

*Dr. med. Walter Richter*
*ist Chefarzt der Klinik für Orthopädie,*
*Unfallchirurgie und Wirbelsäulenchirurgie*
*des Marienhaus Klinikums Bendorf.*

Walter Richter
Marienhaus Klinikum, Bendorf, Deutschland
E-Mail: walter.richter@marienhaus.de

20 Jahre und mehr auf ihrer Position bleiben. Bei der Neubesetzung werden in viele Geschäftsführungen nun ausgebildete Ärzte berufen. Fachkompetenz scheint wieder gefragt zu sein. Am Patienten arbeiten diese Ärzte allerdings nicht mehr.

Optimierungspotenzial wird vor allem in der Personaleffizienz des ärztlichen Dienstes und Pflegedienstes sowie der Auslastung der stationären Kapazitäten gesehen (vergleiche Roland Berger 2015). Grundlage dafür sind nüchterne Daten aus dem Medizin-Controlling. Die Zeit, die der Chefarzt der Ausbildung seiner Nachwuchskräfte widmet, schlägt bei dieser Betrachtungsweise beispielsweise negativ zu Buche. Typischerweise verbirgt sich hier ein riesiges Konfliktpotenzial für die Beziehung zwischen leitendem Arzt und Controller.

## Was wird gebraucht? Was wird geliefert?

Was der leitende Arzt heute in der Regel vom Medizin-Controller bekommt, sind natürlich die klassischen monatlichen Kosten- und Erlösberichte, vorzugsweise als Diagramm mit einfachen Pfeilsymbolen. Die eigentlich wichtigen Informationen, nämlich die Ergebnisse einer Deckungsbeitragsrechnung und eine Einzelfallerlösberechnung, erhält allenfalls die Geschäftsführung. Auch eine Berechnung der Kosten und Erlöse bei Erweiterung des Spektrums einer Klinik wäre für den Chefarzt äußerst hilfreich (vergleiche Ulsenheimer 2009). Er braucht Antworten auf Fragen wie: „Wie viele neue Patienten mit einer bestimmten Erkrankung muss man an das Krankenhaus binden, damit sich das neue Mikroskop oder der neue Oberarzt positiv in der Bilanz bemerkbar macht?" Chefärzte sollten sich zudem ein Bild über die umliegenden Mitbewerber machen können und dazu vom Controlling eine genaue Analyse erhalten.

Im Zusammenhang mit dem technologischen Fortschritt muss der Chefarzt immer wieder abwägen, ob in bestimmte neue Technologien investiert werden soll oder nicht. Hier ist die Unterstützung des Controllers gefragt. Doch viel teure Chefarzt-Zeit geht verloren bei oftmals langwierigen internen Konferenzen zu diesem Thema, denn die Zahlen aus dem Controlling bilden nicht exakt ab, was Entscheidungsgrundlage für oder gegen eine neue Technologie sein sollte. Als Beispiel sei hier die minimal-invasive Chirurgie genannt, die Operationen für den Patienten schonender und sicherer macht. Sie erfordert einen hohen technischen Aufwand, die Verbrauchsmaterialien sind teuer, die Investitionen sind erheblich. Dass die Operation Vorteile für den Patienten hat, bedeutet nicht, dass die Erlössituation direkt sichtbar besser wird (vergleiche Kottenberg-Assenmacher 2009). Natürlich

kann an der Zahl der Komplikationen gesehen werden, dass die neue Methode weniger Wiederaufnahmen bedingt. Aber sieht das Medizin-Controlling auch, warum weniger Revisionsoperationen durchgeführt worden sind? Ist die neue Methode der Grund, oder ist das etwa nur der Erfüllung von entsprechenden Zielvorgaben geschuldet? Problematisch ist es manchmal auch, dass nach Implementierung einer neuen OP-Methode unter Umständen neue, bisher nicht gekannte Komplikationen im Heilungsprozess auftreten (vergleiche Krämer 1989). Sie sind oftmals der zunehmend älter werdenden Patientenschaft geschuldet. Patienten, die noch vor einigen Jahren aufgrund ihres Alters als nicht operabel galten, werden heute operiert. Wenn es dann während der Operation zu Komplikationen kommt und der Patient beispielsweise zusätzlich einen Herzschrittmacher bekommt, verteuert dies die Behandlungskosten der Hauptdiagnose erheblich. Die Folgekosten einer Komplikation werden nicht gesondert erfasst, was auch die wirtschaftliche Bilanz einer neuen OP-Methode erheblich verfälschen kann.

Die Kennzahlen des Medizin-Controllings sind manchmal aber auch im Hinblick auf die Anreizsetzung für den Arzt und die Außenwirkungen für den Kunden, den potenziellen Patienten, kritisch zu sehen. Für Letzteren ist Behandlungssicherheit das entscheidende medizinische Qualitätsmerkmal bei der Wahl des Arztes oder der behandelnden Einrichtung (vergleiche Troidl 2003). Behandlungssicherheit lässt sich jedoch gegenwärtig von Patienten nur schwer einschätzen. Sie müssen ihre Entscheidung also auf andere Kriterien stützen. Diese Informationsasymmetrie zwischen Anbietern und Nachfragern medizinischer Leistungen führt wirtschaftstheoretisch zur wettbewerblichen Verdrängung von Leistungserbringern mit hohen Sicherheitsstandards (vergleiche Neelmeier 2012).

## Im Spannungsfeld zwischen Qualität und Kosten

Wenn es um die Reduktion von Kosten geht, stehen für Ärzte oftmals lieb gewonnene Gewohnheiten zur Disposition. „Die Schraube war schon immer gut, und nur diese will ich auch in Zukunft nehmen", ist berechtigterweise kein gültiges Argument gegenüber dem Controlling. Doch gerade in der Beschaffung der Sachmittel ist der leitende Arzt näher am Geschehen und kann mit den Zulieferern zum Teil bessere maßgeschneiderte Lösungen verhandeln. Das Controlling kann nicht vom patientenfernen Tisch und ohne die notwendige medizinische Sachkenntnis zu der Schraube der Firma X oder zu der scheinbar billigeren Schraube der Firma Y raten. Auch wenn es um Spezialitäten des Hauses wie minimal-invasive Behandlungstechniken, Infektionsstationen oder um besondere Rahmenverträge mit Zulieferfirmen geht, kann oftmals nur der Chefarzt Kosten und Nutzen in den richtigen Zusammenhang bringen.

Wie schwierig es im Krankenhausbereich ist, mit Kennzahlen zu arbeiten, zeigt auch das folgende Beispiel: Die Politik und die Krankenkassenverbände sehen für die kleineren Krankenhäuser einen möglichen Weg in der Spezialisierung und Zentrenbildung. Ein Beispiel: In einem Zentrum für Endoprothetik (Hüftgelenkersatz) sind die Behandlungspfade eingespielt, die Kompetenz der Ärzte ist extrem hoch, und die Patienten sind sehr zufrieden. Konsequenterweise werden daher auch komplizierte Fälle aus anderen Kliniken, darunter häufig auch Patienten mit schweren Begleiterkrankungen, in diesen Maximalversorger verlegt. Bei Betrachtung der reinen Controlling-Daten des Qualitätsberichts dieses Krankenhauses scheinen im Vergleich also mehr Infektionen und längere Verweildauern auf. Ein vernünftiges Benchmarking ist damit nicht möglich, es sei denn, man bricht jeden Einzelfall bis in das kleinste Detail herunter. Dies wiederum ist im DRG-System (diagnosebezogenes Fallpauschalensystem), in dem nur die Hauptdiagnose gewichtet wird, nicht der Fall.

Umgekehrt werden auch die Ärzte oftmals nicht den Anforderungen der Controller gerecht. Auch hier liefert das DRG-Abrechnungssystems ein bezeichnendes Beispiel: Da die Hauptdiagnose Grundlage der Gewichtung ist, kommt ihrer Festlegung eine entscheidende Bedeutung hinsichtlich der Erlössituation zu. Aus rein medizinischer Sicht können bei verschiedenen Patienten trotz gleicher Leitsymptome und gleicher Therapie verschiedene Haupterkrankungen vorliegen – zum Beispiel eine kardiale Dekompensation beim einen Patienten und eine Herzschwäche beim anderen. Die Eingruppierung der beiden Fälle im DRG-System kann aber bis zu 1.300 Euro Unterschied betragen (vergleiche Milljak 2015). Diese entscheidenden Verschlüsselungen sind nach geltendem Verständnis der Arbeitgeber Sache des Arztes. Fehlende Motivation und ein mangelndes Verständnis der Assistenzärzte für die enorme Bedeutung dieser Zuordnung in Bezug auf die Erlössituation einer Klinik sind Grundlage der täglichen Auseinandersetzungen zwischen Medizin-Controlling und den Leistungserbringern.

Die Auslastung eines OP-Saals ist ein weiteres Konfliktfeld. Aufgrund von Arbeitszeitregelungen wird die mögliche zur Verfügung stehende Zeit mit 420 Minuten berechnet. Es ist schon vorgekommen, dass das Controlling der Geschäftsführung nur die reinen Schnitt-Naht-Zeiten berichtete, also die

## Zusammenfassung

● In der Wahrnehmung eines leitenden Arztes ist das Medizin-Controlling auf die Einhaltung von Prozessabläufen fokussiert. Es entstehen Reibungsverluste bei der Interpretation von Kosten- und Erlösberichten.
● In der Zukunft gewinnt die Qualitätskontrolle der medizinischen, nicht der strukturellen Leistung mehr an Gewicht.
● Eine mögliche Lösung kann in einer überschaubaren medizinischen Ausbildung des Controllers bestehen mit wiederkehrenden klinischen Fallbesprechungen in der eigenen Klinik.

Zeit, die der Chirurg für die Operation braucht. Nicht berücksichtigt wurde dabei, dass der OP vorbereitet werden muss und dass der Patient auf dem OP-Tisch gelagert werden muss. Auch das Anlegen von Verbänden nach der Hautnaht bindet Kapazitäten und wurde in diesen Fällen nicht mit berechnet. So konnten beispielsweise neurochirurgische Abteilungen mit langen OP-Zeiten an einem Patienten von oftmals acht bis zehn Stunden blendende Werte und nicht selten eine Auslastung von 100 Prozent vorweisen. Für eine HNO-Klinik mit ihren vielen kurzen Eingriffen – mit 20 Minuten Operationszeit, aber einer Wartezeit von 35 Minuten bis zum nächsten Eingriff – ergab sich hingegen eine geringere Auslastung. Hier wäre medizinisches Detailverständnis seitens des Controllings hilfreich gewesen.

## Unwägbarkeiten durch politische Einflussnahme

Unbedingt notwendig wird dieses medizinische Wissen allerdings in der Zukunft sein. Der Gemeinsame Bundesausschuss (G-BA), das Beschlussgremium der gemeinsamen Selbstverwaltung der Ärzte, Zahnärzte, Psychotherapeuten, Krankenhäuser und Krankenkassen in Deutschland, entwickelt bis Ende 2016 Bewertungskriterien, damit die Qualität im Krankenhaus über finanzielle Zu- und Abschläge gesteuert werden kann (vergleiche Phillipi 2015). Außergewöhnlich gute Qualität soll incentiviert, unzureichende sanktioniert werden. Derzeit weist das DRG-System – real an einzelnen Merkmalen der Indikations-, Ergebnis-, Prozess- oder Strukturqualität orientiert – wenig konkrete und transparente Relationen zwischen Vergütung und Qualität auf. Die Zusammenführung der Ver-

## Kernthesen

• Medizin-Controlling und leitende Ärzte arbeiten in einem dynamischen Spannungsfeld oftmals gegeneinander.

• In der Ausbildung zum Medizin-Controller ist die Vermittlung eines fundierten medizinischen Fachwissens unabdingbar.

• Ein Zertifizierungssystem könnte in manchen Bereichen die bessere Alternative zum geplanten Zuschlags- und Abschlagssystem des Gemeinsamen Bundesausschusses sein.

• Transparenz und teamorientiertes Handeln müssen zu einem Instrument der Qualitätsbeurteilung werden.

gütung bei Wiederaufnahmen mag als ein Beispiel für mögliche Schwierigkeiten bei der Implementierung eines solchen Bewertungssystems dienen: Die angesprochene Zusammenführung ist computergestützt, bedarf aber aus der Sicht eines Arztes oftmals einer Interpretation. Kommt der Patient wegen einer Thrombose nach einer Operation wieder, dann muss beispielsweise beurteilt werden, ob diese Thrombose als Komplikation nach der Operation oder als eigene, neue Erkrankung zu werten ist. Ohne ausreichende medizinische Fachkenntnis wird es schwierig sein, die richtigen Informationen in ein entsprechendes Bewertungssystem einfließen zu lassen.

Aktuell gibt es die Leitlinien der Fachgesellschaften oder des G-BAs zur Prozess- und Strukturqualität, die vergütungsrelevant sind (vergleiche Bundesärztekammer 2015). Die Logik dabei ist, dass, wenn bestimmte Prozesse eingehalten werden, auch das Ergebnis gut ist. Wer beispielsweise die Mindestmenge von 50 Knieprothesen im Jahr erfüllt, der liefert auch gute Ergebnisse, wer nur auf 49 Knieprothesen pro Jahr kommt, darf im nächsten Jahr keine mehr operieren. Hier stellen sich für den Medizin-Controller ähnlich schwierige Fragen wie für den leitenden Arzt. Wie früh informiere ich den Chirurgen darüber, dass noch zwei Prothesen zum Jahresziel fehlen? Wie kann man wissen, ob im kommenden Jahr 200 oder 250 Patienten an der Schilddrüse operiert werden (müssen)? Hat der leitende Arzt 200 Patienten für das nächste Budget angegeben, werden die überzähligen 50 Fälle möglicherweise nur zur Hälfte vergütet, auch wenn die Leistung zu 100 Prozent erbracht wird.

Der politische Einfluss ist hier unmittelbar zu spüren. Die Botschaft ist: Es gibt zu viele Kliniken, daher werden einige Kliniken nach wirtschaftlichen Gesichtspunkten geschlossen. Das Bewertungssystem soll die Entscheidungsgrundlage dafür liefern. Für die Kliniken bedeutet dies, dass sie keine Planungssicherheit mehr haben. Das Controlling kann lediglich berechnen, welche Abteilung größere Überlebenschancen hat.

Die Ursache für das Dilemma des Bewertungssystems liegt natürlich in § 1 der ärztlichen Berufsordnung: Der Arzt dient der Gesundheit des einzelnen Menschen und des gesamten Volkes (vergleiche Hasselblath-Dedrich 2001). Er erfüllt diese Aufgabe nach seinem Gewissen und ist zur Fortbildung verpflichtet. Sein Handeln wird an dem aktuellen Wissensstand gemessen – auch im Haftungsrecht! Dementsprechend wird jeder verantwortungsbewusste Arzt Patienten, bei denen ihm dies notwendig erscheint, auch im Dezember noch behandeln, selbst wenn das Controlling darauf hinweist, dass das Jahresbudget bereits Ende November erreicht wurde. Alles andere wäre unethisch.

## Was wünscht sich der Chefarzt für die Zukunft?

Um medizinischen Sachverstand im Medizin-Controlling sicherzustellen, ist es aus der Sicht des leitenden Krankenhausarztes notwendig, dass die Controller in regelmäßigen Abständen auf der Station präsent sind. Zudem müssen sie sich eine solide Grundkenntnis in der Medizin aneignen, um die Qualität der Behandlung nicht nur auf Basis patientenferner Daten zu beurteilen. Nur in der direkten Kommunikation mit den Leistungserbringern erschließen sich die Besonderheiten einer Klinik. Die große Herausforderung wird in den nächsten beiden Jahren sein, gemeinsam auf die Vergütungskriterien nach den Maßgaben des G-BAs zu reagieren. Aus Chefarztsicht macht es wenig Sinn, sich dagegen zu verwehren, dass die Qualität einer Behandlung erlösrelevant wird. Mit einem reinen Abschlags- und Zuschlagskatalog wird es aber schwierig sein, beispielsweise auch langfristige Behandlungsergebnisse zu berücksichtigen. Wer will nach zehn oder zwölf Jahren beurteilen, ob Probleme mit einer Hüftprothese auf einen Behandlungsfehler zurückzuführen sind, oder ob sich der Patient nicht an die Anweisungen der Ärzte gehalten hat? Oder hatte bei der OP vielleicht das Controlling zu sehr auf Wirtschaftlichkeit gedrängt? Wenn es zu Komplikationen kommt, helfen Abschläge niemandem, sie verunsichern lediglich die Patienten. Kliniken sollten stattdessen belohnt werden, wenn sie sich an bestimmte Standards halten, denn Qualität kostet Manpower und damit Geld.

Ein Zertifizierungssystem könnte hier der bessere Weg sein. So könnte ein Zertifikat beispielsweise für Patienten und Kostenträger gleichermaßen transparent machen, ob ein Brustzentrum besonders gut mit Onkologen, Gynäkologen und Strahlentherapeuten zusammenarbeitet. Es würde die Qualität einer medizinischen Behandlung besser abbilden als Informationen über Behandlungsdauer und Kosten.

Dort, wo der Qualitätsbegriff im Sinne erweiterter Prozess- und Strukturanforderungen an die Indikationsstellung, an die Patientenorientierung, an die Patientensicherheit oder an die Hygiene formuliert wird, ist ein entsprechendes Bewertungssystem unkritischer. Hier ginge es um die Kontrolle, ob bestimmte Verhaltensvorgaben befolgt werden. Eine große Herausforderung wird hingegen die Festlegung geeigneter Kriterien für komplexe Behandlungen wie etwa die operative Versorgung von Unfallopfern darstellen.

Gespräche auf Augenhöhe bei flachen hierarchischen Strukturen funktionieren nur bei gleicher Lastenverteilung (vergleiche Hellmann 2013). Es erscheint ratsam, das bestehende System noch stärker auf Transparenz und Qualität auszurichten und im eigenen Haus mitzugestalten. Warum nicht neue Wege suchen und das Controlling an eine Chefarztrunde andocken? Damit würden Verantwortlichkeiten auch anders strukturiert. Denn warum soll für die verhandelte Zielvorgabe, die nicht erreicht worden ist, nur der Chefarzt rechenschaftspflichtig sein? Eine solche Form der Zusammenarbeit würde allerdings auch eine neue Kultur im Umgang mit Fehlern erfordern – sowohl bei jenen, die die Patienten pflegen und behandeln, als auch bei jenen, die Verantwortung für die wirtschaftlichen Belange des Krankenhauses tragen. Hierzu müssten sich alle Akteure einer Klinik als Mitglieder eines Teams verstehen.

### Literatur

Bundesärztekammer (2015): Stellungnahme der Bundesärztekammer, http://www.bundesaerztekammer.de/fileadmin/user_upload/downloads/pdf-Ordner/Stellungnahmen/SN_BAEK_zum_RegEntwurf_eines_Krankenhausstrukturgesetzes_19.06.2015.pdf (letzter Abruf: 06.07.2015).

Hasselblatt-Dedrich, I. (2001): Ärzte im Konflikt zwischen Ethik und Ökonomie, in: Deutsches Ärzteblatt, 98 (38), S. 2406.

Heitmann, C./Crasselt, N./Maier, B. (2013): Krankenhaus-Controlling in Deutschland, https://www.thieme.de/krankenhaus-controlling-in-deutschland-35902 (letzter Abruf: 21.05.2015).

Hellmann, W./Beivers, A./Radtke, C./Wichelhaus, D. (Hrsg.) (2014): Krankenhausmanagement für Leitende Ärzte, 2. Auflage, Heidelberg.

Kottenberg-Assenmacher, E. (2009): Minimally invasive, minimally reimbursed? Anesthesia for endoscopic cardiac surgery is not reflected adequately in the german diagnosis-related group system, in: Journal of Cardiothoracic, 23 (2), S. 142-146.

Krämer, W. (1989): Fortschrittsfalle Medizin, in: Der Spiegel, 13, S. 212-237.

Miljak, T. (2015): DRG-System: Nachhaltige Profitabilität kaum möglich, in: Deutsches Ärzteblatt; 112 (20), S. 914.

Neelmeier, T./Schulte-Sasse, U. (2012): Adverse Selektion medizinischer Leistungserbringer – Marktversagen infolge Informationsasymmetrie und Verantwortungsgefälle, in: Gesundheitsrecht, 11, S. 65-72.

Philippi, M. (2015): Qualitätsorientierte Vergütung – Voraussetzungen und Hemmnisse, in: Chefarzt aktuell, 2, S. 23-25.

Roland Berger (2015): Krankenhaus Restrukturierungsstudie Deutschland 2015, München.

Troidl, H. (2003): Surgical Research, Basic Principles and Clinical Practice, 3. Auflage, Stuttgart.

Ulsenheimer, K. (2009): Zur Diskrepanz zwischen dem optimalen medizinischen Standard, dem ökonomisch Möglichen und dem rechtlich Geforderten – der Anästhesiologe im Widerstreit gegensätzlicher Pflichten, in: Anästhesiologie und Intensivmedizin, 4, S. 242-247.

---

**SfP** **Zusätzlicher Verlagsservice für Abonnenten von „Springer für Professionals | Finance & Controlling"**

| Zum Thema | Zusammenarbeit im Krankenhaus | 🔍 Suche |
|---|---|---|

**finden Sie unter www.springerprofessional.de 912 Beiträge im Fachgebiet Finance & Controlling**   Stand: September 2015

**Medium**

☐ Interview (1)
☐ Zeitschriftenartikel (43)
☐ Buchkapitel (868)

**Sprache**

☐ Deutsch (908)
☐ Englisch (4)

**Von der Verlagsredaktion empfohlen**

Korff, U. (Hrsg.) (2012): Patient Krankenhaus – Wie Kliniken der Spagat zwischen Ökonomie und medizinischer Spitzenleistung gelingt, Wiesbaden.

www.springerprofessional.de/3013896

Pöhls, K. (2012): Lean Management in Krankenhäusern – Erfolgsfaktoren für die Umsetzung, Wiesbaden.

www.springerprofessional.de/2358342

André
Schmidt im
Dialog mit
Christoph
Binder und
Utz Schäffer

# „Mit Controlling treibe ich medizinische Qualität"

Als CEO eines 2014 neu fusionierten deutschlandweiten Klinikverbundes will André Schmidt ein wettbewerbsfähiges und für Patienten sowie Mediziner gleichermaßen attraktives Reha-Angebot schaffen. Im Dialog mit Christoph Binder und CMR-Mitherausgeber Utz Schäffer schildert er, welche Wege er hierzu einschlägt und welche Rolle Politik und Krankenkassen dabei spielen.

Fotos: © Kai Myller

*Dr. André Michael Schmidt*
*ist seit der Fusion von Median Kliniken und RHM*
*Kliniken und Pflegeheime Ende 2014 CEO des*
*Klinikverbundes. Nach selbstständiger Tätigkeit und*
*einer Laufbahn bei der Unternehmensberatung*
*Mc Kinsey & Company, Inc. ist er seit 2003 im*
*Management von Gesundheitseinrichtungen tätig.*
*Bereits 2011 hat er die Geschäftsführung der RHM*
*Kliniken übernommen. André Schmidt studierte*
*Biochemie und theoretische Chemie und promovier-*
*te an der Technischen Universität Darmstadt.*

**Schäffer:** Herr Dr. Schmidt, seit Ende letzten Jahres sind Sie CEO der Median und RHM Kliniken, die nun einen Klinikverbund von 72 Häusern in ganz Deutschland bilden und Rehabilitation wie auch Pflege- und spezialisierte Akutleistungen anbieten. Wie würden Sie die Besonderheiten der Steuerung von Rehakliniken beschreiben?

**Schmidt:** Im Gesundheitswesen erleben wir zurzeit eine Konsolidierung der Branche, sowohl im Akutklinik-Bereich als auch im Rehaklinik-Bereich. Die Frage für mich ist nicht, wie müsste eine Rehaklinik eigentlich aussehen, damit die Controlling-Kennzahlen stimmen. Ein guter Klinikleiter hat das im Kopf. Die Frage für mich ist, wie kann ich 72 Kliniken in dieselbe Richtung lenken? Das Controlling muss mit den Kennzahlen in die Tiefe gehen und entsprechende Maßnahmen konsequent umsetzen. Es muss herausfinden, was in welcher Rehaklinik geändert werden sollte und wie das erreicht werden kann. Ziel ist es, das Optimum aus Sicht des Gesamtunternehmens herauszuholen.

**Schäffer:** Dreh- und Angelpunkt ist hier doch die Prozesssteuerung. Wie muss man sich diese in einem solchen Klinikverbund vorstellen?

**Schmidt:** Eine Klinik ist in der Prozesssteuerung durchaus kompliziert, wenn man in die Details einsteigt. Dabei ist eine Akutklinik anders zu sehen als eine Rehaklinik. Für das Gesamtsystem braucht man eine ausreichende Standardisierung,

sodass man einen Personalschlüssel für gewisse Patientenzahlen oder für gewisse Indikationen einen bestimmten Therapiestandard hat. Diese Standards sind je nach Patientengruppe und Indikation verschieden und können auch im Sinne eines Prozesses über den Behandlungszeitraum gesteuert werden. Während man in der Automobilindustrie einen Assembly-Prozess definiert, legt man bei uns einen Behandlungspfad fest – vorrangig den Therapieplanungsprozess. Bei uns müssen nicht verschiedene Zulieferfirmen gemanagt werden, sondern um die zehn unterschiedliche therapeutische Abteilungen zusammen mit der Pflege und den eingebundenen Ärzten. Natürlich gibt es bestimmte Abläufe mit standardisierten Komponenten, vergleichbar etwa dem Vorgang der Farblackierung in der Automobilherstellung. Was aber im Rahmen der Behandlung erreicht werden soll, entspricht dem individuellen Patientenziel oder, um beim Beispiel zu bleiben, dem Kundenwunsch nach der Farbvariante „Rot".

**Binder:** Wie lassen sich diese individuellen Patientenziele vereinbaren mit der Standardisierung, wie sie für die Prozesssteuerung unumgänglich ist?

**Schmidt:** Für die Therapieprozesse haben wir Grundregeln definiert. Standard heißt für uns immer 90 Prozent und nicht 100 Prozent Umsetzung – Letzteres widerspräche ja dem spezifischen Patientenbedarf. Auf dieser Basis schauen wir uns

dann die operativen Detailkennzahlen an. Dabei möchte ich wegkommen von der EBITDA-ML-Logik, also dem operativen Ergebnis vor Instandhaltung und eventuellen Pachten. Ich meine damit, was ein kaufmännischer Leiter verantwortet, wenn es gilt, die operative Marge zu optimieren. Man denkt

## „Für das Gesamtsystem braucht man eine ausreichende Standardisierung."

dabei immer zuerst an Personalabbau. Der läuft aber der Behandlungsqualität zuwider. Lassen Sie mich ein Beispiel geben: Wenn eine unserer Kliniken eine schlechte Personalkostenquote aufweist, kann das durchaus an einem bestimmten Verdi-Tarif liegen. Wenn ich dann von einem bestimmten Patientenmix ausgehe, könnte ich bei steigenden Personalkosten nur den Personalschlüssel hinunterschrauben, um mein Ergebnis zu halten. Meine Patienten bekommen in dieser einfachen Logik also weniger Therapie.

**Binder:** Das ist wohl nicht Sinn der Sache.
**Schmidt:** Richtig. Eine meiner Maßnahmen war daher, eine Kennzahl einheitlich für alle Kliniken zu definieren: die sogenannte „On-Time-Zeit". Die On-Time-Zeit ist die Zahl der Therapieminuten eines Therapeuten bezogen auf seine bezahlte Arbeitszeit. Es zeigte sich, dass sie in den einzelnen Kliniken sehr unterschiedlich ausfällt. Wir fragen uns dann, woran das liegen mag. An unterschiedlicher Arbeitszeitflexibilität? An unterschiedlichen Durchschnittsarbeitsstun-

den? An Beginn und Ende der Arbeitszeit? An der Anzahl der Teamsitzungen, an Vor- und Nachbereitungszeiten? Da wir ja standardisierte Prozesse wollen, liefert uns die On-Time-Zeit Hebel, um mehr Qualität ohne neue Kosten zu produzieren. Ich kann den Personalschlüssel unverändert lassen, weil ich aus Arbeitsorganisationsthemen spezifische Personalkostensteigerungen kompensieren kann, weil ich aus derselben Arbeitszeit mehr Therapien bekomme. Wir haben es mit Menschen zu tun, und Qualität ist für uns vielleicht noch wichtiger als für andere Branchen. Wenn ich nun ein Hardcore-Controlling-System implementiere, muss mein Ziel am Ende stets mehr Qualität bei gegebenen Ressourcen sein.

**Schäffer:** Könnten Sie etwas näher beschreiben, wie Sie über solche Kennzahlen zu Hebeln für eine Qualitätsverbesserung kommen?
**Schmidt:** Wir bewegen uns innerhalb des deutschen Gesundheitssystems. Den Personalschlüssel geben uns die Rentenversicherer vor, die neben den Krankenversicherern wohl unsere wichtigsten Vertragspartner sind.

**Schäffer:** Verstehen wir Sie richtig: Weil der Personalschlüssel festgelegt ist, können Sie weder mit weniger Therapeuten die gleiche Zahl Patienten noch mit der gleichen Zahl Therapeuten mehr Patienten behandeln? Beides würde ja den vertraglich vereinbarten Patientenschlüssel verändern.
**Schmidt:** Stimmt. Schon aus Vertragsgründen müssen wir den Personalschlüssel strikt einhalten. Überdies definiert er

– über das Zuweisungsverhalten der Kostenträger – am Ende auch die Belegung oder, aus Controlling-Sicht, die Auslastung unserer Kliniken. Jeder kaufmännische Leiter weiß, er muss die Belegung schaffen, und wenn er mehr Personal einstellt, wird es teuer. Was er nicht so genau weiß, ist, ob er auch mit weniger Personal die Qualität halten, ob er Arzneimittelkosten senken oder ob er im Lebensmittelbereich etwas ändern könnte. Wenn ich mit operativen Detailkennzahlen solche Dinge über 72 Kliniken hinweg vergleichen kann, sehe ich sofort, was ich tun muss, damit es besser wird. Ich kann es auf der operativen Detailebene transparent machen und den kaufmännischen Leiter auf dieser Ebene abholen.

**Binder:** Mit welchen Kennzahlen arbeiten Sie konkret? Neben den EBIT-Kennzahlen gibt es offenbar ein ganzes Bündel relativ operativer Kennzahlen für die einzelnen Prozesse. Von welcher Größenordnung sprechen wir?

**Schmidt:** Wir sprechen über 20 bis 30 Kennzahlen. Dreh- und Angelpunkt ist die Belegung. Reha ist ein reines Fixkostengeschäft: je voller die Klinik, desto besser. Für die Behandlung gilt zudem, wie bereits angemerkt: Je höher die On-Time-Zeit, desto besser sind Qualität und Ergebnis, bezogen auf die Kostenbasis. Und das schlägt sich wiederum nieder in weniger Abweichungen von der geplanten Therapiedauer je Patient. Wir haben mit den meisten Krankenkassen ein Fallpauschalensystem mit einer unteren und einer oberen Grenzverweildauer sowie mit einer vereinbarten Zielverweildauer. Die Logik ist: Ich bekomme einen Festpreis für eine Mindestliegedauer, danach habe ich nur noch Kosten. Nur auf die untere

Grenze zu zielen, ist nicht gerade im Sinne der Kassen und Patienten. Ich muss also sicherstellen, dass ich eine akzeptable durchschnittliche Zielverweildauer erreiche. Sie wird mit jeder Krankenkasse je nach Indikation individuell vereinbart.

## „Schon aus Vertragsgründen müssen wir den Personalschlüssel strikt einhalten."

Die Kunst ist, das für vielleicht 50 verschiedene Vertragssituationen je Klinikum hinzubekommen. Um das möglich zu machen, haben wir ein eigenes IT-basiertes Monitoring-System entwickelt.

**Binder:** Was Sie hier ansprechen, ist ja auch die Planbarkeit des Patientenaufkommens. Gibt es da Unterschiede zwischen Akut- und Reha-Bereich?

**Schmidt:** Reha könnte eigentlich gut planbar sein, wenn die Patienten rechtzeitig angemeldet würden. Leider schaffen viele Akuthäuser das nicht, wenn sie ihre Patienten an die Reha überweisen. Da passiert dann Folgendes: Ein Oberarzt geht am Freitag noch einmal durch die Station und sagt: „Oh, wir sind eigentlich schon an der DRG-Grenze. Diese Patienten hier müssen raus. Bitte sofort in die Rehaklinik verlegen!" Umgekehrt haben wir Patienten – gerade multimorbide ältere Patienten –, die bei uns zu einem bestimmten Zieltag angemeldet sind, die sich in der Akutklinik aber noch nicht ausreichend stabilisiert haben und daher erst später kommen können. Das bedeutet, es gibt Unsicherheiten, und ich muss schnell reagieren können. Wie bekomme ich es nun trotzdem hin, dass meine Klinik voll ist? Wenn ich immer freie Kapazitäten habe, ist die Lösung trivial. Wenn die Häuser aber in der Regel volle Belegung haben, muss man mit Überbuchung

## „Reha ist ein reines Fixkostengeschäft: je voller die Klinik, desto besser."

arbeiten. In Extremfällen ist eine Klinik mit 20 Patienten überbucht. Sollten einmal mehr Patienten kommen als ausfallen, muss ich einen Ausweg finden. Die Patienten werden dann an eine Schwesterklinik, manchmal auch an die Klinik eines anderen Betreibers überwiesen.

**Schäffer:** Funktioniert das denn überall gut?
**Schmidt:** Wenn das in einer unserer Kliniken gut funktioniert, benchmarken wir. Wir möchten die Fähigkeiten des einen Hauses auf die anderen übertragen. Unter unseren 72 Einrichtungen gibt es einige Häuser, die sich nicht trauen zu überbuchen. Sie haben Angst, dass die Patienten am Ende alle kommen – mit dem Ergebnis, dass in diesen Kliniken immer drei, vier Betten leer sind. Daher habe ich bei uns ein Controlling-System eingeführt, das zum Beispiel immer die Bele-

gung vier Wochen vor der erwarteten Aufnahme eines Patienten misst. Ich möchte wissen: Wie viele Tage vor dem Betrachtungstag brauche ich welche Belegung, um am eigentlichen Aufnahmetag voll zu sein? Da gibt es natürlich Schwankungen im Jahreszyklus und nach den unterschiedlichen Indikationen. An den Messergebnissen aus der Vergangenheit sehe ich, wie viel Vorlauf ich in welcher Jahreszeit typischerweise brauche, um am Zieltag voll belegt zu sein. Daraus ergibt sich dann auch die Überbelegung, die für ein bestimmtes Haus jeweils nötig ist.

**Binder:** Wie setzen Sie diese Erkenntnisse in der Praxis um?
**Schmidt:** Wenn unsere Leute sehen, dass sie, sagen wir, in 20 Tagen noch 30 Patienten brauchen, können sie mal ein paar Kliniken oder Kostenträger anrufen. Die Mitarbeiter in der Aufnahme merken, dass sie kein Problem haben, wenn sie mit zehn Patienten überbucht sind, und akzeptieren das System. Wir haben uns natürlich auch überlegt, wie wir das incentivieren. Die Aufnahmemitarbeiter bekommen Incentives auf Vollbelegung, eine Zielquote pro Monat. Dabei rechnen wir nicht auf Jahresbasis, sondern monatsweise oder quartalsweise ab. Keinem Sachbearbeiter kann man zumuten, dass er bei einer Jahresabrechnung noch weiß, warum er etwas vor neun Monaten gemacht hat und zu welchem Ergebnis er gekommen ist. Prämienbezug ist zum einen die Belegung, zum anderen die richtig gesteuerte Verweildauer.

**Schäffer:** Machen Sie das in jeder Klinik individuell?
**Schmidt:** Jede Klinik muss als separate Einrichtung und Betrieb natürlich ihr eigenes Ergebnis produzieren. Die Systeme sind aber gruppenübergreifend. Vor allem bei der Entwicklung von Behandlungsstandards denken wir nicht mehr als Einzelklinik, sondern in Fachabteilungen. Verschiedene Indikationen sind wie Produkte zu betrachten, für die wir gruppenweite Behandlungspfade entwickeln, die dann auch von allen Kliniken angewandt werden müssen. Je Fachbereich haben wir ein Medical Board, in dem alle Chefärzte sitzen. Hier werden die Mindeststandards für Therapiesysteme, Grunddiagnostik und Arzneimittelregime festgelegt. Ist dies geschehen, messen wir anschließend während der Behandlungen, ob und inwiefern auch bei jedem Patienten die Standards erfüllt werden, und zwar unabhängig von Belegung, Krankenstand oder Urlaubszeiten. Damit können wir für jeden Patienten eine gleiche Grundqualität sicherstellen. In einem letzten Schritt beginnen wir dann, Outcome-Parameter in den jeweiligen Behandlungsgruppen festzulegen und bei

---

### Der Klinikverbund

Durch die Neuakquisition der Median Kliniken und deren Fusion mit dem Krankenhausbetreiber RHM Kliniken und Pflegeheime am 15. Dezember 2014 hat der Eigentümer Waterland Private Equity einen starken, deutschlandweiten Verbund von 72 Kliniken geschaffen. Während Median Kliniken, der Marktführer unter den privaten Betreibern, auf Postakut- und Rehabilitationsmedizin spezialisiert ist, bietet RHM Kliniken neben stationären Rehabilitations-, Pflege- und spezialisierten Akutleistungen auch teilstationäre und ambulante Leistungen an. Median Kliniken hat den Hauptsitz in Berlin und betreibt 45 Einrichtungen mit insgesamt 9.000 Betten und 7.500 Mitarbeiterinnen und Mitarbeitern. Die RHM Klinik- und Pflegeheimgruppe hat ihren Hauptsitz in Deidesheim und betreibt 26 Häuser mit 3.400 Behandlungs- und Betreuungsplätzen sowie circa 2.100 Mitarbeiterinnen und Mitarbeitern.

jedem Patienten zu messen. Die werden gebenchmarkt und in den Medical Boards diskutiert, sodass die Chefärzte sich ihren Kollegen in Fachdiskussionen stellen müssen. Auf diese Weise können wir identifizieren, wo trotz quantitativ gleicher Behandlungsintensitäten noch qualitative Verbesserungen nötig sind. Darüber hinaus können wir ganz allgemein Rückschlüsse auf unsere Standards ziehen. So pushen wir die Qualität nach oben, ohne dass wir zusätzliche Kosten kreieren – und zwar einzig und allein, weil extrem viel Effektivitätspotenzial in diesem System liegt.

**Schäffer:** Wie wird denn die Branche – ausgehend von dieser Entwicklung – in fünf Jahren, in zehn Jahren aussehen?

**Schmidt:** Die Fusion von RHM und Median mischt tatsächlich die Karten komplett neu. Geht man davon aus, dass Reha-Patienten im Prinzip bis zu einer Stunde Anfahrt in Kauf nehmen, wenn das ambulante und/oder stationäre Leistungsangebot ihnen zusagt, so können wir bereits heute eine flächendeckende Versorgung zumindest für weite Teile Deutschlands offerieren. Größenwachstum ermöglicht uns, wenn es kontinuierlich vorangetrieben wird, zwei große Stellhebel zu nutzen. Zum einen können wir den Kostenträgern helfen, Geld zu sparen. Heutzutage entstehen für Patienten immer wieder Wartezeiten, weil der Kostenträger mit einer überbelegten Klinik einen Vertrag hat, mit der nächsten, die noch Kapazitäten frei hätte, aber nicht. Für jeden Kostenträger ist Zeit Geld. Gerade die Rentenversicherung hat ein denkbar großes Interesse daran, dass Arbeitnehmer möglichst schnell wieder ins Erwerbsleben eingegliedert werden können. Im schlimmsten Fall kann eine Krankheit chronisch werden, und entsprechend steigt die Gefahr einer Frühverrentung. Durch die Fusion erreichen wir, dass es für praktisch alle Regionen Deutschlands eine RHM-Median-Klinik – ich weiß noch nicht, wie die Firma zukünftig heißen wird – in einer akzeptablen Anreiseentfernung gibt. Im Prinzip können wir, dank unseres zentralen Reservierungs-Services, immer eine günstig gelegene Klinik anbieten, mit freier Kapazität bei garantiert identischem Behandlungsangebot. Dies ermöglicht es uns, dem jeweiligen Kostenträger einen einheitlichen Standard anzubieten, für den wir einen bestimmten Preis vereinbaren. Es ist dann völlig egal, in welcher Klinik der Patient behandelt wird. Für jeden Patienten wird es natürlich eine „erste Wahl" geben, doch kann er ebenso gut in einer unserer anderen Kliniken behandelt werden – zum vereinbarten Preis, unter denselben Rahmenbedingungen, mit demselben Standard, mit vergleichbarem Ambiente und auch den entsprechenden Serviceleistungen.

**Binder:** Das heißt, der Trend geht klar in Richtung Konzentration. Dass das den Kostenträgern nützt, leuchtet ein. Aber hilft das auch den Patienten?

**Schmidt:** Hier komme ich zum zweiten Stellhebel: Durch kombinierte Angebote können wir uns das Wechselspiel von ambulanter und stationärer Behandlung zunutze machen. In den allermeisten Fällen erfolgen ambulante und stationäre Reha heute noch in unterschiedlicher Trägerschaft. Wird ein Patient früher aus der stationären in die ambulante Weiterbetreuung entlassen, hat der Träger der stationären Klinik bislang keinerlei Vorteil davon. Denn er gibt ja einen Kunden ab. Hinzu kommt, dass für viele Patienten Termine bei niedergelassenen Ärzten oder auch beim Psychotherapeuten erfahrungsgemäß nur sehr schwer zu bekommen sind. Gerade in der Psychosomatik hat eine zu geringe ambulante Weiterversorgung vielfach zur Folge, dass Patienten zurück in die stationäre Reha müssen. Ergebnis sind dann viel zu viele stationäre Aufenthalte und viel zu hohe Kosten. Echte Nachhaltigkeit sieht anders aus! Künftig wollen wir deshalb neben den stationären Kliniken auch teilstationäre Zentren in jedem Ballungsraum vorhalten und so die ambulante Weiterversorgung

*„Vor allem bei der Entwicklung von Behandlungsstandards denken wir nicht mehr als Einzelklinik, sondern in Fachabteilungen."*

gleich mitliefern – auf einem abgestimmten Behandlungspfad. Patienten, so unser Ansatz, können dann viel schneller ins Berufsleben und in die Familien zurückkehren.

**Schäffer:** Damit verändern sich doch die Markt- und Wettbewerbsstrukturen von Grund auf?

**Schmidt:** Aus meiner Sicht lässt sich mit diesen beiden Hebeln die Reha-Landschaft komplett verändern. Wir brauchen nicht mehr Geld für die Versorgung des einzelnen Patienten. Vielmehr erhalten Kostenträger, Steuerzahler und Sozialversicherungsträger mehr und bessere Leistung fürs gleiche Geld. Für andere Anbieter verschärft sich damit der Konkurrenzkampf. Allerdings ist dies ist ein Verdrängungswettbewerb, den der Gesetzgeber billigend in Kauf genommen hat. Wenn die kleineren verschwinden, werden eben unsere Kliniken umso voller. Ein weiterer Effekt ist, dass sich auf Basis einheitlicher Standards und definierter Prozesse auch die Outcome-Qualität verlässlich messen lässt. Wenn ich zum Beispiel 40 orthopädische Reha-Stationen mit standardisierter Behandlung habe, kann ich von Haus zu Haus vergleichen, wie rasch Patienten sich nach der Behandlung jeweils wieder ins Erwerbsleben eingliedern lassen. Für eine Untersuchung dieser Art brauche ich allerdings die Zusammenarbeit mit einer Universität, denn auf die dafür notwendigen Daten der Kostenträger habe ich selbst natürlich keinen Zugriff. Wenn die Wiedereingliederungszeiten bei Klinik A regelmäßig kürzer sind

*„In Kliniken ist das Zusammenspiel von Verwaltung und Medizin vielfach eine Katastrophe."*

als bei den Kliniken B und C, kann ich der Sache auf den Grund gehen. Ich könnte also Zusatzeffekte in meine Betrachtung mit einbeziehen und so herausfinden, wie wirklich optimale Reha-Behandlungspfade aussehen sollten. Bisher hat niemand solche Outcome-Messungen in der Reha durchgeführt. Behandlungspfade hat man stattdessen so aus der Erfahrung heraus entwickelt.

**Binder:** Ist die Schließung von kleineren Kliniken zugunsten großer Häuser, wie Sie sie eben beschrieben haben, wirklich politisch gewollt?

**Schmidt:** Das große Problem in Deutschland ist – auch im Akutbereich –, dass es zu viele kleine Kliniken gibt, die alle nur zu 70 Prozent voll sind. Bislang hätten wir eigentlich genügend Ärzte und Pfleger, doch die sind auf zu viele Häuser verteilt. Ich spreche jetzt nicht von der einen Klinik im ländlichen Bayern, die wir subventionieren, weil wir eine gewisse Versorgungsdichte haben wollen. Ich meine die vielen Kliniken zum Beispiel im Ruhrgebiet oder im Rhein-Main-Raum. Kein Bürgermeister, kein Landrat traut sich dort, die eigene

*„Wenn ich ein Hardcore-Controlling-System implementiere, muss mein Ziel am Ende stets mehr Qualität bei gegebenen Ressourcen sein."*

kleine Klinik zu schließen – und dabei dem Nachbarn die seine zu lassen. Man müsste statt all dieser kleinen Häuser einige große Kliniken bauen, die dann aber immer voll sind. Die notwendige Effizienz erreiche ich heute nur über die Belegung. Erschwerend ist zudem, dass die Investitionsförderung

nicht beim Bund, sondern bei den Bundesländern und den Regionen liegt. Die unbefriedigende wirtschaftliche Situation der kleinen Häuser frustriert natürlich die Ärzte und die Pfleger. Wenn sie weggehen, dürfen wir uns nicht beschweren.

**Binder:** Wenn ich es richtig verstehe, haben die Träger eine Verbesserung ihrer Kostenposition im Sinn. Wie wirkt sich das auf die Erlösseite der Kliniken aus? Wer teilt sich denn den Kuchen? Heißt das, dass irgendwann auch die Fallpauschalen steigen werden?

**Schmidt:** Nein, zumindest nicht auf absehbare Zeit in der Reha. Die Krankenkassen – mit denen ich niemals auf Augenhöhe verhandeln kann – steuern in den meisten Fällen die Preise in Abhängigkeit von der freien Kapazität, sodass sie ihre Fälle alle behandelt bekommen. Im Grunde gilt hier immer noch die gute alte Industriekostenkurve. Im Mittel haben wir nach wie vor 20 Prozent freie Kapazitäten im Markt. Zudem sind die Ausgaben pro Jahr budgetiert, wie alles im Gesundheitswesen. Politisch geht es immer um die Frage: Sparen wir in Deutschland weiter bei den Gesundheitsausgaben oder investieren wir einen Teil, zum Beispiel in Reha? Aber vielleicht ist es noch besser, die Rentenbeiträge gleich mit zu senken? Die Entscheidung ist hier ganz klar zugunsten niedrigerer Rentenbeiträge gefallen. Seit diesem Jahr erleben wir nun einen absoluten Verdrängungswettbewerb der Kassen. Hunderttausende von Versicherten wechseln die Krankenkasse schon, wenn die Zuzahlung auch nur geringfügig höher ausfällt als bei einer anderen. Das heißt, die Kassen müssen Kosten sparen, wo es geht. Natürlich setzen sie dort an, wo sie am schnellsten Zugriff haben: beim Reha-Budget. Als hocheffizienter Betreiber mit großen Kliniken – und damit mit einer größeren Fixkostendegression – profitiere ich natürlich davon. Aufgrund unserer Effizienz können wir auch bei geringeren Kosten die geforderte Qualität liefern. Mein Verhandlungspfand ist die Effizienz.

**Schäffer:** Wie wird die Qualität einer Klinik denn bewertet? Wie bewerten die Kostenträger sie, wie die überweisenden Ärzte, wie die Patienten?

**Schmidt:** Die Rentenversicherer messen uns, aber im Sinne von: Halten wir die vereinbarten Therapiemengen, halten wir die Zielverweildauern ein? Welche Arztbrieflaufzeiten, welche Beschwerderaten gibt es? Chefärzte überweisen an uns, wenn sie das Gefühl haben, dass wir so weiterbehandeln, wie sie das wollen. Wir stellen uns in unserer Behandlungsphase daher auch auf die zuweisenden Chefärzte ein.

Die Patienten wollen in eine bestimmte Klinik, weil sie nur Gutes gehört haben, weil die Klinik nahe an ihrem Wohnort liegt und auch weil die Räumlichkeiten schön sind. Architektonisch versuchen wir deshalb, ein gewisses Hotelambiente zu schaffen. Es gibt unzählige Foren, in denen sich Patienten austauschen. Bei der Wahl der Klinik wird vielfach dem Patientenwunsch entsprochen, am Ende liegt die Entscheidung aber beim Kostenträger. Aufseiten der verschiedenen Beteiligten gibt es mithin eine klare Qualitätsmeinung. Was fehlt, ist eine objektivierte Bewertung in Form von Kennzahlen. So etwas gibt es übrigens auch im Akutbereich nicht wirklich.

**Schäffer:** Wir haben es im medizinischen Bereich – gerade in den Pflegeberufen – ja oft mit einem ganz bestimmten Typus Mensch zu tun. Besteht hier nicht eine besonders große Distanz zwischen dem medizinischen, pflegenden, operativ tätigen Personal und dem Controlling?
**Schmidt:** Unbestritten, die Distanz ist sehr groß. In Kliniken ist das Zusammenspiel von Verwaltung und Medizin vielfach eine Katastrophe.

**Binder:** Ich gehe davon aus, dass das für Ihre Arbeit extrem belastend sein kann.
**Schmidt:** Gerade nicht – auch wenn Sie das zunächst vielleicht erstaunlich finden. Ich sehe hier nämlich keinen Widerspruch. Ich versuche ja, die Controlling-Instrumente, über die wir vorhin gesprochen haben, zu nutzen, um die medizinische Arbeit besser zu machen. Wenn wir effizienter sind, haben wir einfach mehr Spielräume: Wir können leichter die benötigten Instrumente und Geräte kaufen, können am Ende unseren Patienten auch mehr Therapien anbieten. Auf diese Weise sorge ich höchstpersönlich für eine ständige Verbesserung unserer medizinischen Qualität, weil sie am Ende unsere Häuser füllt. Ich kann noch einen Schritt weiter gehen und Ziele vorgeben: dass wir Studien durchführen und veröffentlichen, dass wir neue Behandlungsmethoden entwickeln, dass unsere Ärzte auf Kongresse fahren und Vorträge darüber halten. So treibe ich als Kaufmann plötzlich gemeinsam mit den Chefärzten Entwicklung und Fortschritt in der

*„Wenn mir unsere Chefärzte sagen, wir können medizinisch so arbeiten, wie wir uns das vorstellen, dann ist das für mich das größte Lob.“*

Medizin voran. Mit unserer Unternehmensgröße haben wir inzwischen auch Platz für Doktorandenstellen und können mit Universitäten kooperieren. Das verkaufe ich den Kostenträgern. Wenn mir dann unsere Chefärzte sagen, wir können medizinisch so arbeiten, wie wir uns das vorstellen, dann ist das für mich das größte Lob.

**Schäffer:** Herr Dr. Schmidt, wir bedanken uns sehr für das Gespräch.

Das Gespräch führten Prof. Dr. Christoph Binder, Professor für Management Accounting und Controlling an der ESB Business School der Hochschule Reutlingen, und Prof. Dr. Utz Schäffer, Direktor des Instituts für Management und Controlling (IMC) der WHU – Otto Beisheim School of Management in Vallendar und Mitherausgeber der Controlling & Management Review.

# Mit Dashboards navigieren

Das Krankenhaus-Management muss immer schneller die richtigen Entscheidungen treffen. Hierzu ist ein ganzheitliches Steuerungsinstrument notwendig, das alle relevanten Daten berücksichtigt und adressatengerecht aufbereitet. Klinikverbünde in der Trägerschaft der Knappschaft-Bahn-See haben als Erste ein standortübergreifendes Dashboard-Projekt gestartet.

*Andreas Schlüter*

Das Management eines Krankenhauses agiert wie das Piloten-Team eines Großflugzeugs. Es hat alle aktuellen Daten zu wesentlichen Parametern im Blick, um schnell die richtigen Entscheidungen treffen zu können, die benötigten Steuerimpulse zu geben und sogar lebensrettende Maßnahmen einzuleiten. Um einen permanenten Überblick über alle Geschäftsprozesse eines Krankenhauses oder einer Krankenhausgesellschaft zu gewährleisten, müssen dem Management aus der Menge der verfügbaren Daten und Projekte gezielt diejenigen Informationen aktuell und übersichtlich zur Verfügung stehen, die für eine erfolgreiche Führung des Unternehmens und die Steuerung von Abteilungen notwendig sind. Dafür müssen automatisierte Software-Lösungen entwickelt werden, die in geeigneter Visualisierung ein Kennzahlen-Cockpit oder Dashboard mit den relevanten Daten versorgen.

Zeitgemäße Technik bietet heute Ansätze für solche neuen Lösungen. In der Praxis sind sie aber bislang noch nicht angekommen. Im englischsprachigen Raum wird der Bedarf nach umfassenden Dashboard-Lösungen für das Gesundheitssystem längst diskutiert, in Deutschland haben zum Beispiel Professor Dr. Maik Lachmann und Felix Wenger an der TU Dortmund beziehungsweise TU Berlin die Notwendigkeit zur Entwicklung entsprechender Systeme thematisiert (2011). Bisher stehen jedoch keine ganzheitlichen Lösungen zur Verfügung, sondern meist begrenzte Ansätze, die nicht automatisiert miteinander zu verknüpfen sind. Unterschiedliche Software-Systeme arbeiten in vielen Krankenhäusern nebeneinander und bieten kaum Schnittstellen für eine verbindende Auswertung.

*Andreas Schlüter*
*ist Geschäftsführer der Klinikum Vest*
*und Klinikum Westfalen GmbH sowie*
*stellvertretender Vorsitzender der AG*
*öffentlicher Krankenhäuser Westfalen e. V.*
*und Mitglied im Organisationsausschuss*
*der Krankenhausgesellschaft NRW e. V.*

> *„Im englischsprachigen Raum wird der Bedarf nach umfassenden Dashboard-Lösungen für das Gesundheitssystem längst diskutiert."*

Bereits auf dem Markt etablierte Controlling-Tools decken meist das Erlös-Controlling sowie die Gewinn-und-Verlust-Berichte ab. Sie lassen jedoch weitere wichtige Kennzahlen außen vor, die für die Steuerung von ökonomisch relevanten Unternehmensprozessen im Krankenhaus relevant sind. Bislang bedarf es bei einer Vielzahl der Krankenhäuser einer intensiven Personal- und Zeitressource, um diese Kennzahlen zu generieren, da die benötigten Datenauswertungen nicht automatisiert erstellt werden können. Die Ergebnisse laufen oft mehrere Wochen einer Echtzeit-Betrachtung hinterher.

Dieses Problem wurde auch an Kliniken unter dem Dach der Knappschaft-Bahn-See gesehen, die als einer der größten Akteure im deutschen Gesundheitswesen nicht nur Krankenversicherer ist, sondern auch Träger oder Gesellschafter von Krankenhausgesellschaften. Dort wird deshalb seit 2009 an einem umfassenden Dashboard-Projekt gearbeitet. Ziel ist es, eine Lösung zu entwickeln, die für 7.000 Krankenhausbetten zum Einsatz kommen kann und die den individuellen Prozessen an den Standorten im Sinne eines flexiblen Kennzahlen-Cockpits gerecht wird, zukünftige Optimierungsprozesse erleichtert sowie verlässliche Unterstützung für die Weiterentwicklung zukunftsfähiger Krankenhausstandorte bietet.

Andreas Schlüter
Klinikum Vest und Klinikum Westfalen GmbH,
Dortmund, Deutschland
E-Mail: andreas.schlueter@klinikum-westfalen.de

## Was soll ein Dashboard leisten?

Hinter einem ganzheitlichen Controlling und einer aktiven Unternehmenssteuerung steckt wesentlich mehr als nur ein Erlös- und Kosten-Controlling. Kliniken brauchen Transparenz als Basis für Verbesserungs- und Kosteneinsparpotenziale, um Wachstumspotenziale frühzeitig erkennen zu können. Das Controlling und die elektronische Darstellung von Verfahren und Prozessen zur systematischen Analyse von Daten sind ein wesentlicher Faktor für wirtschaftlichen Erfolg.

*„Kliniken brauchen Transparenz als Basis für Verbesserungs- und Kosteneinsparpotenziale."*

Benötigt wird ein ganzheitliches System, das alle relevanten Bereiche integriert und schnell Chancen und Risiken aufzeigt. Ein integrierendes System spricht drei primäre Adressaten an: die Geschäftsführung, die Leitungen der Fachabteilungen und die Leitungen der Funktionsbereiche. Das Ziel des Steuerungsinstruments ist es, die Entscheidungsträger handlungsfähig zu machen. Die relevanten Daten müssen ihnen daher kontinuierlich und nicht nur periodisch zur Verfügung stehen und die Möglichkeit schaffen, jederzeit auf Entwicklungen reagieren zu können. Angesichts der Flut potenziell zu erhebender Daten muss eine Nutzeroberfläche gefunden werden, die hilft, den Zeitaufwand bei der Entscheidungsfindung

zu verkürzen und in der benötigten Tiefe in Daten einzudringen. Für unterschiedliche Entscheidungsebenen und Fachbereiche müssen die jeweils wesentlichen Kennzahlen dargestellt werden. Die adressatenorientierte Aufarbeitung ist deshalb eine entscheidende Determinante für den Erfolg des Steuerungssystems.

## Notwendige Bestandteile eines Dashboards
### Erlös- und Finanz-Controlling

Berücksichtigt werden müssen klassische Standardberichte mit Fallzahl, Fallschwere angegeben in Case-Mix-Punkten (CM-Punkte) bezogen auf den Case-Mix-Index (CMI) sowie Abrechnungspauschalen nach auf die Diagnose bezogenen Fallgruppen (DRG). Für den Finanzbereich ist die Standard-Gewinn-und-Verlust-Rechnung widerzuspiegeln mit definierten Betrachtungszeiträumen, Deltas und Abweichungen von Plan- und Vorjahres-/Vormonatswerten. Visuelle Darstellungen sollen die interne Logik stützen sowie Entwicklungen und Trends aufzeichnen.

### Einweiser-Management

Für ein erfolgreiches Einweiser-Management müssen methodische Instrumente zur Marktsicherung und Markterweiterung implementiert werden. Ein zeitnaher Überblick hilft, Veränderungstendenzen im Einweisungsverhalten von wichtigen Partnern in der lokalen und regionalen Versorgung frühzeitig zu identifizieren, um entsprechende Maßnahmen einleiten zu können.

### Frühwarnsystem

Potenzielle und eingetretene interne oder externe Gefährdungen in einem Krankenhaus können durch eine parametergestützte Priorisierung zeitnah erkannt werden. Die Bewahrung der Handlungsfähigkeit und des Handlungsspielraums ist essenziell, um Risiken zu neutralisieren und eine basale Stärke am Gesundheitsmarkt zu verankern. Das Steuerungssystem differenziert entsprechende Risiken aus den Kennzahlen und katalysiert durch eine ansprechende visuelle Aufarbeitung die Entscheidung aus abzuleitenden Chancen und Maßnahmen.

### Personal-Controlling

Neben den Standardberichten wie zum Beispiel Vollkräfte-Statistik (VK-Statistik), Personalkostendarlegung sowie Überstundenanzahl und deren Entwicklung wird ein ganzheitliches Personal-Controlling von entsprechenden Dashboards

---

### Zusammenfassung

- Das Krankenhaus der Zukunft braucht ein modernes Steuerungsinstrument, das in Form eines Echtzeitszenarios die strategische und operative Entscheidungsfindung unterstützt.
- Das Kennzahlen-Cockpit oder Dashboard sollte visuell ansprechend gestaltet sein und den Entscheidungsträger in die Lage versetzen, die für ihn relevanten Daten in der von ihm gewünschten Analysetiefe zu nutzen.
- Über das Erlös- und Finanz-Controlling hinaus gibt es bestimmte relevante Inhalte wie zum Beispiel Kennzahlen zu OP-Zeiten oder zum Einweiser-Management, die in jedes ganzheitliche Analyseinstrument einfließen sollten.

unterstützt und zugleich mit dem Erlös-Controlling verknüpft. Ziel ist es, dem Personal-Management bei der Abschätzung seiner Entscheidungen Unterstützung zu bieten und die ökonomischen und sozialen Auswirkungen darzulegen (vergleiche Frieling et al. 2008). Die Personalplanung sollte im Zusammenhang mit den erbrachten Erlösen (Fallzahl, CM-Punkte) erfolgen. Die Personalkennzahlen und Erlöskennzahlen sollten in Relation zueinander darstellbar sein, sodass die Entscheidungsträger hieraus den entsprechenden Handlungsbedarf und die erzielbaren Effekte ableiten können, beispielsweise anhand der Anzahl VK im DRG-Bereich, VK in sonstigen Bereichen, VK Intensiv, der Bereitschaftsdienstvergütung je VK, der durchschnittlichen Wochenarbeitszeit der Abteilung oder der Äquivalenzziffer der Wochenarbeitszeit auf eine 38,5-Stunden-Woche.

## Ambulanzen, Notaufnahmen und Spezial-Notfallambulanzen

Die Konversionsrate der Ambulanz in einem Krankenhaus ist eine strategisch wichtige Kennzahl, um den Anteil der Patienten darzustellen, die in einem Krankenhaus nach der ambulanten Behandlung stationär aufgenommen werden (vergleiche Sander/von Wildenradt 2007). Weitere wichtige Kennzahlen für die Entscheidungsfindung im Rahmen von Organisationsveränderungen sind die Erfassung von Wartezeiten in Funktionsabteilungen, Kontaktrate, Kontaktdauer, Verweildauer des Patienten in der Aufnahme, Auslastungsgrad, die Rate der doppelten Arztkontakte sowie Leerlaufzeiten. Hieraus ergibt sich die Aussage, wie effektiv die einzelnen Ambulanzen als Eingangsportal für den stationären Bereich arbeiten.

## Operationszeiten

Einen der größten Kostenbereiche in einem Krankenhaus stellen die Operationsräume dar. OP-Reportings klären über den Zusammenhang zwischen der Qualität und Effizienz der Operation, des Operationsprozesses, der infrastrukturellen Parameter und Risiken für den Patienten auf (vergleiche Bialas et al. 2014). Dies gewährleisten OP-relevante Kennzahlen, aus denen sich eine entsprechende betriebswirtschaftliche Steuerung ableiten lässt wie beispielsweise die Schnitt-Naht-Minuten, Auslastung OP-Kapazität mit Naht-Schnitt-Minuten, Auslastungsgrad, Anzahl der Eingriffe/Summe Schnitt-Naht-Minuten je VK, Wechselzeiten, Anzahl der Eingriffe, Sachkostenverbrauch sowie Personalkosten je Eingriff/Schnitt-Naht-Minute.

## Kernthesen

● Krankenhäuser nutzen trotz ihrer Vorteile bislang kein ganzheitliches Steuerungsinstrument.
● Eine ganzheitliche Lösung muss automatisiert alle relevanten Bereiche einbeziehen.
● Es ist wichtig, dass die Adressaten über Priorisierung und Analysetiefe selbst entscheiden können.
● Im Verbund müssen die relevanten Inhalte krankenhausindividuell abgebildet werden.

## Intensivstationsabmeldung

Ein weiterer kostenintensiver Bereich ist die Intensivstation. Daher ist es für ein Krankenhaus unerlässlich, die Abmeldung dieser Station beim Rettungsdienst zum Beispiel wegen Überlastung oder wegen Störungen weitestgehend zu vermeiden. Deshalb ist eine entsprechende Transparenz der Kennzahlen in diesem Bereich strategisch besonders wichtig. Angesichts oft knapper regionaler Intensivbettenangebote liegt das zudem auch im Interesse einer schnellen Notfallversorgung von Patienten am Standort. Für eine differenzierte Analyse sollte die Abmeldequote nach Stunden, nicht nach Tagen erfasst werden. Ein wesentliches Ziel ist es, den Abfluss von der zentralen Notaufnahme (ZNA) auf die Intensivstation zu verbessern (vergleiche hierzu auch DIVI 2011).

*„Die adressatenorientierte Aufarbeitung ist eine entscheidende Determinante für den Erfolg des Steuerungssystems."*

## Prozess-Management

Aus betriebswirtschaftlicher Sicht erfolgt die Behandlung des Patienten im Krankenhaus prozessoptimiert. Um im Workflow Management die Prozesse zu erfassen, zu analysieren und zu optimieren, ist ein Portfolio an Kennzahlen wie beispielsweise Durchlaufzeiten, Bearbeitungszeiten, Personalkapazitäten, Suchzeiten, Rückfragen und die Verweildauer wichtig, um die komplexen Abläufe entscheidungsorientiert abbilden zu können. Dabei ist das Prozess-Management die treibende Kraft des Qualitäts-Managements. Es verbessert die Qualität der Behandlungsabläufe und dient als Instrument zur Mitarbeiterführung und -motivation (vergleiche Greiling 2014).

## Produktivitätskennzahlen

Die Produktivität eines Krankenhauses lässt sich gezielt durch Kennzahlen ermitteln. Die Aufbereitung und Darstellung der Kennzahlen mit dem Ziel, die Finanz-, Leistungs- und Strukturdaten mit Blick auf den Wettbewerb zu ermitteln, ist einer der wichtigsten Indikatoren für den wirtschaftlichen Erfolg eines Krankenhauses (vergleiche Möller/Schultze 2014). Die Produktivitätskennzahlen beleuchten die Betriebsleistungen einer Arbeitskraft im Krankenhaus nach den Parametern Case-Mix-Index, Verweildauer in Tagen, Anzahl der stationären Fälle und die Anzahl der stationären Fälle je Vollkraft. Zu bedenken ist hierbei, dass die Anzahl der Fälle nicht entscheidend ist, sondern vielmehr ihre Schwere und der diesen Fällen zugeordnete Personaleinsatz. Auch wenn in einem Krankenhaus die Qualität der Versorgung des Patienten im Mittelpunkt steht, so ist es für die wirtschaftliche Sicherung des Standortes und damit für die Zukunftssicherung des medizinischen Angebotes unerlässlich, die Produktivitätskennzahlen für das Krankenhaus im Blick zu behalten. Eine effiziente ökonomische Steuerung der Produktivitätskennzahlen liefert die Basis für einen Ausbau medizinischer Qualität in der Region.

## Schlussbetrachtung

Um Entscheidungsträgern eine schnelle Übersicht über relevante Indikatoren und deren Entwicklung zu bieten, sollten Krankenhäuser über ein Dashboard verfügen, das zeitnah und adressatenorientiert alle wesentlichen Daten aufbereitet

| Tab. 1 | Empfehlungen für den Aufbau eines Dashboards im Krankenhaus |
|---|---|
| Grundbedingungen | • Konzentration auf das Wesentliche: Haben Sie nicht den Anspruch, alle denkbaren Kennzahlen lückenlos im Dashboard abzubilden.<br>• Es liegen konsistente und einheitliche Daten vor.<br>• Die Beteiligten haben sich verbindlich auf ein gemeinsames Kennzahlenportfolio in der Anfangsphase geeinigt. |
| Schritt 1: Ziele festlegen | Was soll erreicht werden? Welche Kennzahlen sind wirklich wichtig? Welche Prozesse sind zu unterstützen? Welche Anforderungen und Aufgaben gibt es dort? |
| Schritt 2: Adressaten und Adressatengruppen festlegen | Welche Kennzahlen sind für wen wichtig? Für unterschiedliche Adressatengruppen sind später individualisierte Sichten zu erstellen. |
| Schritt 3: Datenquellen ermitteln | Welche Daten fließen aus welchen Bereichen und Quellen ein? Welche Schnittstellen sind zu beachten? |
| Schritt 4: Auswahl des unterstützenden IT-Systems | Welche Anforderungen sollen erfüllt werden? Kriterien sind u. a.: Effizienz, Schnelligkeit, Zuverlässigkeit, Benutzerfreundlichkeit, Sicherung, Wartung, Schnittstellen, Kosten, Präsentationsoberfläche, Projektbegleitung, Systemstabilität und -unabhängigkeit. |
| Schritt 5: Projektorganisation | Projektorganigramm erstellen; Zeit, Budget, Mitarbeiter, Pilothaus festlegen |
| Schritt 6: Projektstart | System entwickeln und testen |
| Schritt 7: Präsentation eines funktionierenden Prototyps in den späteren Anwendungsbereichen | Änderungswünsche aufnehmen, aber erst im jeweils folgenden Release und nicht im Ad-hoc-Verfahren berücksichtigen |
| Schritt 8: Qualitätssicherung | Anwendung mit Echtdaten, nicht nur mit Testdaten. Vergleiche von Dashboard-Daten und Original-Daten sowie Tests mit möglichst großen Datenmengen führen zu einer größeren Akzeptanz der beteiligten Mitarbeiter. |
| Schritt 9: Tests und Trainings | Pilot-Tests in ausgewählten Bereichen, daneben Planung von Schulungen und Zusammenstellung von Trainingsprogrammen, Erstellung eines Handbuches |
| Schritt 10: Roll-out im Pilothaus | Probleme, die hier identifiziert und behoben werden, fließen in die Weiterentwicklung des konzernweiten Dashboards ein. |
| Verantwortlichkeiten | • für die Grundbedingungen und die Schritte 1 bis 4: Leitungsebene<br>• für die Schritte 5 bis 10: Arbeitsebene |

Quelle: eigene Darstellung

(vergleiche hierzu auch die Handlungsempfehlungen für den Aufbau eines Dashboards in **Tabelle 1**).

Dafür ist in einem ersten Schritt sicherzustellen, dass alle Kennzahlen kontinuierlich erfasst werden. Bereits bestehende Teillösungen und vorhandene Software-Systeme müssen für eine All-in-one-Lösung zusammengeführt und bei Bedarf ergänzt werden. Zur Entwicklung und Implementierung einer passenden Informationsstruktur sind für alle Adressaten individuell wesentliche Kennzahlen anhand des jeweiligen Informationsbedarfes zu definieren.

Als Grundlage für Entscheidungsprozesse müssen bisher genutzte betriebswirtschaftliche Instrumente in eine nutzerorientierte Dashboard-Oberfläche überführt werden. Dies gilt insbesondere, wenn es sich um Krankenhäuser im Verbund handelt und komplexe Kosten- und Erlösstrukturen erfasst und abgebildet werden sollen. Die Ansicht der Nutzeroberflächen sollte benutzerorientiert auf die verschiedenen Adressaten wie Geschäftsführung, Chefärzte, Pflegeleitung und weitere Beteiligte zugeschnitten sein. Dies bietet allen Entscheidungsträgern einen zielorientierten und differenzierten Zugang, um schnelle Entscheidungen zu ermöglichen. Ziel ist es, neben der Optimierung von Kosten und Erlösen, die Patientenversorgung im Sinne der regionalen Versorgungsnachfrage zu verbessern.

Schließlich sollte der jeweilige Benutzer in die Lage versetzt werden, eine auf seine Bedürfnisse abgestimmte Hierarchie der Kennzahlen einzurichten. Das unterstützt die Priorisierung von Entscheidungen und ermöglicht die synergistische Ressourcenallokation in Entscheidungsprozessen.

### Literatur

Bialas, E./Schuster, M./Taube, C./Diemer, M./Bauer, M. (2014): Fünf Jahre OP-Prozessdaten Benchmarking (2009–2013) – Der aktuelle Stand des Programms von VOPM, DGAI/BDA und BDC, in: Anästhesie & Intensivmedizin, 55, S. 594-613.

DIVI – Deutsche Interdisziplinäre Vereinigung für Intensiv- und Notfallmedizin (Hrsg.) (2011): Empfehlungen zur Struktur und Ausstattung von Intensivstationen – Hintergrundtext, verabschiedet mit Beschluss des Präsidiums der DIVI vom 30.11.2010 Berlin, http://www.divi.de/images/Dokumente/Empfehlungen/Strukturempfehlungen/2011_StrukturempfehlungLangversion.pdf (letzter Abruf: 24.08.2015).

Frieling, M./Beck, U./Becker, A. (2008): Personalkennzahlen als Instrument der Unternehmenssteuerung, in: Das Krankenhaus, 1 (8), S. 45-49.

Greiling, M. (2014): Qualität und Prozesse – Prozessmanagement als treibende Kraft des Qualitätsmanagements, in: Becker, A. (Hrsg): Reader Qualitätsmanagement im Krankenhaus, Kulmnach, S. 103-113.

**SfP** * Lachmann, M./Wenger, F. (2011): Dashboards im Gesundheitswesen – Integrierende Analyseninstrumente für das Krankenhaus-Controlling, in: Zeitschrift für Controlling & Management, 4 (55), S. 224-227. (ID: 2788884)

**SfP** * Möller, K./Schultze, W. (Hrsg.) (2014): Produktivität von Dienstleistungen, Wiesbaden. (ID: 5247254)

Sander, T./von Wildenradt, M. (2007): Wie wirtschaftlich sind Hochschulambulanzen? Eine Studie der Medizinischen Hochschule Hannover, http://www.his-he.de/veranstaltung/dokumentation/Workshop_Medizin/pdf/TOP06.pdf (letzter Abruf: 22.05.2015).

*Abonnenten des Portals Springer für Professionals erhalten diesen Beitrag im Volltext unter www.springerprofessional.de/ID.

---

# Kosteneffekte von Komplikationen besser analysieren

Komplikationen während der Behandlung verursachen Mehrkosten. Um dies im Krankenhaus-Controlling stärker zu berücksichtigen, bieten sich Analyseinstrumente aus dem Risiko-Controlling an. Sie wurden bei einer entsprechenden Studie in Dresden bereits erfolgreich eingesetzt.

*Thomas Günther, Stefanie Unger, Thomas Petzold, Maria Eberlein-Gonska*

„To err is human." Unter diesem Titel wies bereits im Jahr 2000 das Institute of Medicine darauf hin, dass zwischen 2,9 und 3,7 Prozent aller in Krankenhäusern in den USA aufgenommenen Patienten Fehlern beziehungsweise Beinahe-Fehlern während des Behandlungsprozesses ausgesetzt sind. Diese führten in etwa sieben Prozent der Fälle zu einer dauerhaften Schädigung des Patienten und bei 14 Prozent dieser Schadensfälle sogar zum Tod (vergleiche Kohn/Corrigan/Donaldson 2000).

In Deutschland weist die Behandlungsfehlerstatistik der Gutachterkommissionen und Schlichtungsstellen der Bundesärztekammer für das Statistikjahr 2014 12.053 Begutachtungsanträge aus, die für vermutete Arzthaftungsfälle gestellt wurden. 72,8 Prozent der Antragsfälle entfallen dabei auf den Krankenhausbereich, der Rest auf den niedergelassenen Bereich, also auf Arztpraxen und medizinische Versorgungszentren (vergleiche Bundesärztekammer 2015). 2.206 Behandlungsfehler wurden auch bestätigt. Häufigste Einzeldiagnosen von den 7.751 Sachentscheidungen waren eine Arthrose des Kniegelenks (305 Fälle), eine Arthrose des Hüftgelenks (251 Fälle) und eine Unterarmfraktur (200 Fälle). Bei den festgestellten fehlbehandelten Krankheiten rangiert die im weiteren Verlauf betrachtete Arthrose des Kniegelenks mit 57 Fällen auf dem vierten Platz. Sie stellt damit eine der fehleranfälligsten Behandlungen im deutschen Abrechnungssystem der diagnosebezogenen Fallpauschalen (DRG-System) dar.

Die Zahlen machen deutlich, dass mit Komplikationen in der medizinischen Behandlung zu rechnen ist, diese in großem Maße Krankenhäuser betreffen und dass bezüglich der Diagnose vor allem die Orthopädie, die Unfallchirurgie und die allgemeine Chirurgie tangiert sind. Auf der Basis anonymisierter Patientendaten des Universitätsklinikums Carl Gustav Carus Dresden (UKD) wurden daher die Fälle von 248 Patienten mit einer totalen Kniearthroplastik hinsichtlich ihrer jeweiligen Kosten und Erlöse untersucht. Die Ergebnisse zeigen, welche Auswirkungen medizinische Risiken und Komplikationen auf die Kosten- und Erlössituation eines Krankenhauses haben und welche ökonomischen und unter Umständen medizinischen Schlussfolgerungen hieraus gezogen werden können. Die Analysemethoden, die bei der Studie verwendet wurden, werden im Risiko-Controlling von Unternehmen angewendet. Es zeigt sich, dass sie sich auch für den Krankenhausbereich eignen. Wie das im konkreten Fall aussehen kann, wird am Beispiel der Daten des UKDs gezeigt.

*Prof. Dr. Thomas Günther*
*ist Inhaber des Lehrstuhls für*
*Betriebliches Rechnungswesen/Controlling*
*an der TU Dresden.*

*Stefanie Unger*
*ist Absolventin des genannten Lehrstuhls*
*an der TU Dresden.*

*Dr. Thomas Petzold*
*ist wissenschaftlicher Mitarbeiter des Zentralbereichs Qualitäts- und Medizinisches Risikomanagement am Universitätsklinikum Carl Gustav Carus Dresden (UKD).*

*PD Dr. Maria Eberlein-Gonska*
*ist Leiterin des genannten Zentralbereichs am UKD.*

Thomas Günther
TU Dresden, Dresden, Deutschland
E-Mail: thomas.guenther@tu-dresden.de

Stefanie Unger
TU Dresden, Dresden, Deutschland
E-Mail: lehrstuhl.controlling@mailbox.tu-dresden.de

Thomas Petzold
Universitätsklinikum Carl Gustav Carus, Dresden, Deutschland
E-Mail: thomas.petzold@uniklinikum-dresden.de

Maria Eberlein-Gonska
Universitätsklinikum Carl Gustav Carus, Dresden, Deutschland
E-Mail: Maria.Eberlein-Gonska@uniklinikum-dresden.de

## Datenbasis der Studie
Die gemeinsame Studie der TU Dresden und des Universitätsklinikums Carl Gustav Carus Dresden (UKD) zur Kostenwirkung von Komplikationen basiert auf Daten aus den Jahren 2006 und 2007, die am unter der Leitung von Prof. Dr. Klaus-Peter Günther stehenden Universitätscentrum für Orthopädie und Unfallchirurgie erhoben wurden (vergleiche Kirschner et al. 2010). Der Fokus dieser Studie hatte auf der Evaluation eines standardisierten Dokumentations- und Berichterstattungswerkzeuges gelegen, um Komplikationen, sogenannte Adverse Events, auszuwerten und die medizinischen Risiken einer Behandlung einschätzen zu können.

## Analysemethoden aus dem Risiko-Controlling

Die anonymisierten Rohpatientendaten der 248 untersuchten Fälle wurden vom Zentralbereich Qualitäts- und Medizinisches Risikomanagement des UKDs zur Verfügung gestellt.

*„Medizinische Komplikationen führen durchschnittlich zu Mehrkosten von über 800 Euro pro Fall."*

Sie wurden aufbereitet, um Kosten und Erlöse für jeden der betrachteten Patienten ermitteln zu können. Darauf aufbauend wurden eine Risikobewertung unter Nutzung der Monte-Carlo-Simulation und der Sensitivitätsanalyse sowie eine Qualitätsbewertung des Behandlungsprozesses nach dem Six-Sigma-Konzept vorgenommen.

Zunächst wurde aufgrund der Patientengrunddaten für alle 248 Fälle eine DRG-Nachkalkulation durchgeführt (vergleiche Institut für das Entgeltsystem im Krankenhaus 2007). Zu diesem Zweck wurden in Zusammenarbeit mit dem Geschäftsbereich Controlling des UKDs spezifische Kostensätze für die Kostenbereiche OP, Intensiv- und Normalstation, Anästhesie, Radiologie und Labor sowie die Basisfallkosten für Unterbringung und Essen (sogenannte Hotelleistungen) und sonstige Kosten ermittelt und entsprechend dem jeweiligen Verbrauch eines jeden Patienten auf den Fall zugewiesen.

**Tabelle 1** zeigt, dass sich die Kosten zwischen dem Patienten mit den geringsten (5.003,17 Euro) und den höchsten Fallkosten (22.420,27 Euro) erheblich unterscheiden. Zwar sind auch die DRG-Erlöse bei Letzteren höher, doch kann der höhere DRG-Erlös nicht die mehr als vierfach höheren Fallkosten abdecken. Es verbleibt ein negativer Deckungsbeitrag in Höhe von 6.422,72 Euro. Im Durchschnitt verursachen die 248 Patienten Fallkosten in Höhe von 6.700,14 Euro bei einem Deckungsbeitrag von 927,44 Euro (13,84 Prozent). Es sei explizit angemerkt, dass die ermittelten Fallkosten nur die direkt dem Fall zuordenbaren Kosten abdecken, nicht jedoch Kosten für die allgemeine Verwaltung, Servicebereiche oder sonstige Kosten. Insofern hat der ermittelte Deckungsbeitrag

**Tab. 1  Nachkalkulation von 248 Fällen mit totaler Kniearthroplastik (in Euro)**

| | | Spannweite der Fallkosten | | |
|---|---|---|---|---|
| | | durchschnittliche Fallkosten | Patient mit geringsten Fallkosten | Patient mit höchsten Fallkosten |
| **Struktur-merkmale:** | Alter in Jahren | 68,4 | 71 | 77 |
| | Liegetage | 9,92 | 7 | 46 |
| OP (Personalkosten) | | 621,5 | 423,56 | 1.441,64 |
| OP (Sachkosten) | | 2.115,77 | 1.996,50 | 2.405,54 |
| Intensivstation | | 47,79 | 0 | 0 |
| Normalstation (Personalkosten) | | 1.179,92 | 804,23 | 5.538,11 |
| Normalstation (Sachkosten) | | 431,99 | 298,83 | 2.012,28 |
| Anästhesiekosten | | 611,33 | 354,26 | 1.976,88 |
| Radiologie | | 176,99 | 176,96 | 895,92 |
| Labor | | 46,82 | 30,63 | 330 |
| übrige Untersuchungs- und Behandlungsbereiche | | 587,17 | 296,27 | 3.920,49 |
| Hotelleistungen | | 880,85 | 621,94 | 3.899,42 |
| **Fallkosten** | | 6.700,14 | 5.003,17 | 22.420,27 |
| DRG-Erlös | | 7.627,58 | 7.498,40 | 15.997,55 |
| **Deckungsbeitrag** | | 927,44 | 2.495,23 | -6.422,72 |

Quelle: eigene Darstellung

jene Kosten abzudecken, die noch nicht in der DRG-Kalkulation enthalten sind.

Das Verhältnis zwischen Best Case und Worst Case ist 1:4,48. Für die verarbeitende Industrie wäre eine solch große Spannweite unüblich, offensichtlich ist sie es aber nicht für das Gesundheitswesen. Umso wichtiger ist es, die Auswirkungen medizinischer Risiken auf das wirtschaftliche Ergebnis einer Behandlung und damit auf ihre ökonomischen Risiken darzustellen. Nachfolgend wird daher diese große Spannweite aus der Perspektive der Kosten- und Leistungsrechnung näher analysiert, auch um umgekehrt aus dem Gesamtdatensatz mögliche Ansatzpunkte für eine Reduktion der medizinischen Risiken zu finden.

Vergleicht man die niedrigsten und die höchsten Fallkosten (**Abbildung 1**), so zeigt sich, unseres Erachtens wider Erwarten, dass die wesentlichen Unterschiede nicht im OP-Bereich, sondern auf der Normalstation, in den übrigen Untersuchungs- und Behandlungsbereichen (dort insbesondere in der Physiotherapie) und in den Hotelleistungen bestehen. Im Vergleich zum Best Case mit nur sieben Liegetagen hat der Patient mit den höchsten Fallkosten 46 Liegetage (**Tabelle 1**). Dies führt auf der Normalstation sowohl zu einer höheren Beanspruchung des ärztlichen und pflegerischen Personals durch die längere Verweildauer als auch zu zeitgetriebenen höheren Hotelleistungen. Zudem hat der Patient in überdurchschnittlichem Ausmaß Physiotherapieleistungen in Anspruch genommen.

## Zusammenfassung

● Anhand einer Fallstudie von 248 Fällen totaler Kniearthroplastiken werden die ökonomischen Wirkungen von Komplikationen im Behandlungsablauf analysiert.

● Auf der Basis der Rohdaten wird eine DRG-Nachkalkulation durchgeführt und die erhebliche Schwankungsbreite der Fallkosten sowie der Deckungsbeiträge analysiert.

● Mittels in der Wirtschaft gängiger Analyse- und Bewertungsmethoden lassen sich die ökonomischen Wirkungen und die Ursachen von Abweichungen im Behandlungsprozess näher analysieren.

## Kostenwirkung aus Falldaten analysieren

Zu Komplikationen bei der Behandlung kam es bei 65 Patienten. Bei acht dieser Patienten wurde mindestens eine Nachoperation notwendig. Am häufigsten traten Thrombosen im Unterschenkel (15 Fälle) auf. 183 der 248 betrachteten Fälle (73,8 Prozent) liefen ohne Komplikationen ab. Betrachtet man die Kostenwirkungen von Komplikationen, so zeigt sich, dass komplikationsfreie Fälle durchschnittlich zu etwa 1.100 Euro geringeren Fallkosten führen. Die kalkulatorischen Wagniskosten für Komplikationen liegen im Ver-

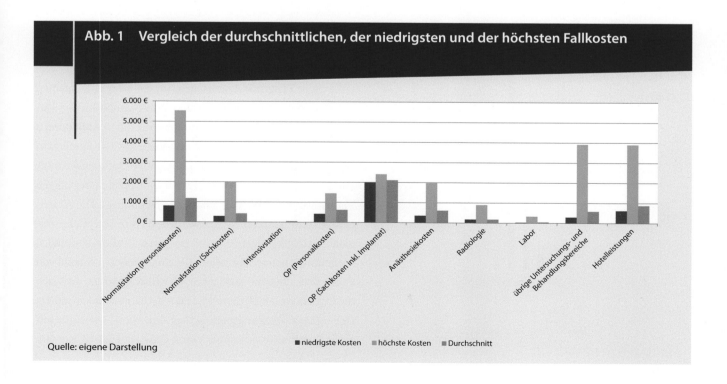

**Abb. 1    Vergleich der durchschnittlichen, der niedrigsten und der höchsten Fallkosten**

Quelle: eigene Darstellung

■ niedrigste Kosten    ■ höchste Kosten    ■ Durchschnitt

gleich zum Durchschnittsfall im Schnitt bei (7.513,28 Euro – 6.700,14 Euro) = 813,14 Euro bei einer Ex-post-Eintrittswahrscheinlichkeit von 26,2 Prozent. Dies ergibt durchschnittliche normalisierte Wagniskosten von 213,04 Euro und damit von 3,17 Prozent der durchschnittlichen Fallkosten.

Die in **Abbildung 2** dargestellte Verteilung der Deckungsbeiträge aller 248 untersuchten Fälle zeigt, dass 22 der 248 Fälle (8,87 Prozent) zu negativen Deckungsbeiträgen führen. Dass nur 16 dieser 22 Fälle Komplikationen aufweisen, lässt darauf schließen, dass negative Deckungsbeiträge auch bei einer Normalbehandlung möglich sind. Nicht immer sind also medizinische Risiken in Form von Komplikationen die Verursacher von ökonomischen Risiken. Eine separate Auswertung macht deutlich, dass die Fallkosten mit dem Alter ansteigen. **Abbildung 2** zeigt auch, dass 87,1 Prozent (95,97 Prozent – 8,87 Prozent) aller Fälle Deckungsbeiträge zwischen null und 2.000 Euro verdienen. Interpretiert man die Verteilungsfunktion des Deckungsbeitrages als Risikoprofil, ist das Risiko im Normalbereich relativ eng und die Deckungsbeitrags-

werte sind stabil. Nach unten besteht jedoch ein nennenswertes sogenanntes Downside-Risiko bis zum maximalen Verlust im Worst Case von 6.422,72 Euro. Der sogenannte Value at Risk für ein Konfidenzniveau von fünf Prozent liegt bei -428,84 Euro, das heißt, mit 95-prozentiger Wahrscheinlichkeit ist der Deckungsbeitrag größer als -428,84 Euro.

## Die Bandbreite der Deckungsbeiträge aufzeigen

Die Analyse der 248 Fälle hat gezeigt, dass prinzipiell aus der Streuung der vielfältigen Inputgrößen eine große Bandbreite und Streuung der Kosten und damit der Deckungsbeiträge resultiert. Um die voranstehenden Auswertungen nicht von einzelnen Werten oder Ausreißern abhängig zu machen, wurde auf der Basis der erhobenen Daten für jede Kosteneinflussgröße deren statistische Verteilung mithilfe des MS Excel-Add-Ins Crystal Ball geschätzt. Die empirisch ermittelten Verteilungen der Inputgrößen wurden mit dem Berechnungsmodell für die Fallkosten und die Deckungsbeiträge verknüpft. Dadurch muss nicht vom Analysten eine Verteilung für die Inputgrößen vorgegeben oder geschätzt werden, sondern die Verteilung der Inputgrößen ergibt sich aus dem Datensatz der Stichprobe.

Um die Auswirkung der Streuung von Kosteneinflussgrößen zu analysieren, bietet sich die Durchführung einer Monte-Carlo-Simulation an, wie sie auch in der Industrie zur Anwendung kommt (vergleiche Günther et al. 2009; zur Methodik vergleiche Gleißner 2011, S. 164 ff.). Diese variiert gleichzeitig alle Einflussgrößen innerhalb vorgegebener Bandbreiten oder Verteilungen und errechnet die Zielgröße (hier den Deckungsbeitrag) für sehr viele Variationsfälle, um die Verteilung der Zielgröße darzustellen. Im Falle der untersuchten Patientendaten ergab die Monte-Carlo-Simulation der Deckungsbeiträge mit 100.000 Durchläufen die in **Abbildung 3** dargestellte Verteilung der Deckungsbeiträge. Die Simulation ergibt eine Wahrscheinlichkeit für negative Deckungsbeiträge von 16,83 Prozent, ein Wert, der beim Doppelten der obigen Verlustwahrscheinlichkeit von 8,87 Prozent liegt. Die Abweichung kann dadurch erklärt werden, dass in der Stichprobe wohl zufällig häufiger Fälle mit positiven Deckungsbeiträgen vorliegen als in der Simulation. Bei einer größeren Anzahl von Fällen über die Jahre wäre dann jedoch zu erwarten, dass sich die Ergebnisse der Stichprobe denen der Simulation anpassen. Der mittlere Deckungsbeitrag liegt nun bei 614,48 Euro mit einer Bandbreite zwischen Worst Case und Best Case von -3.966,67 Euro bis +3.410,57 Euro.

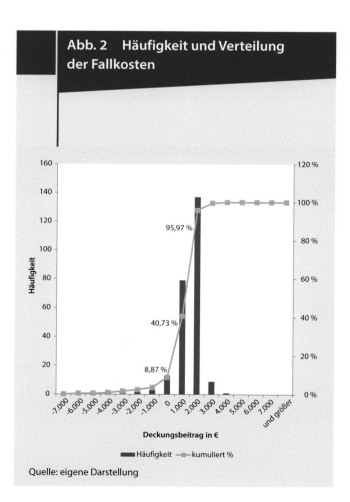

**Abb. 2    Häufigkeit und Verteilung der Fallkosten**

Quelle: eigene Darstellung

## Kostentreiber untersuchen

Von Interesse sowohl für den Krankenhaus-Controller als auch für den behandelnden Arzt ist es, welche Kosteneinflussgrößen der medizinischen Behandlung – oder besser welche Kostentreiber – in welchem Umfang Einfluss auf die Fallkosten und damit auf den Deckungsbeitrag haben. Hierzu kann man eine Sensitivitätsanalyse durchführen, wie sie für die totale Kniearthroplastik in **Abbildung 4** als Tornado-Chart dargestellt ist. Dabei wird immer nur eine Inputgröße im Kostenmodell verändert, während alle anderen Größen konstant bleiben. Die Analyse zeigt, dass – wie nicht anders zu erwarten – die Höhe der DRG-Vergütung den größten Einfluss auf den Deckungsbeitrag ausübt, gefolgt von der Anzahl der Liegetage, den Physiotherapie-Minuten, den Kosten des Implantats, den Anwesenheitsminuten des Anästhesisten sowie dem Zeiteinsatz der Ärzteschaft im OP. Die vertikale Linie eines Deckungsbeitrags von null lässt erkennen, dass eine Inputgröße alleine nicht zu negativen Deckungsbeiträgen führt, sondern nur das Zusammenspiel mehrerer Einflussgrößen, die gleichzeitig ungünstig verlaufen. Die Form des Diagramms macht weiter deutlich, dass der Deckungsbeitrag von vielen Größen abhängt, was die Komplexität der Behandlungssituation und ihrer Kosten- und Erlöswirkungen unterstreicht. Entsprechenden ökonomischen Gestaltungswillen vorausgesetzt, zeigt das Diagramm auch Ansatzpunkte, wie Kosten reduziert werden können, ohne dass die Gesundheit und damit die im Vordergrund stehende medizinische Behandlung

### Kernthesen

● Komplikationen und Schwankungen in der Behandlung führen zu erheblichen Schwankungen der Fallkosten und Deckungsbeiträge.
● Durch Nachkalkulation der Fallpauschalen und Risikobewertung können die ökonomischen Risikotreiber analysiert werden.
● Die Identifikation von Risikotreibern erlaubt Ansatzpunkte für ein Risiko- und Qualitäts-Management.
● Six-Sigma-Analysen erlauben eine Messung der Prozessqualität von medizinischen Behandlungen.
● Klassische Methoden der Risikoanalyse lassen sich auch im Krankenhausbereich anwenden.

beeinträchtigt werden. In Diskussionen mit der Ärzteschaft ergab sich zum Beispiel die Frage, ob im Hinblick auf das Behandlungsergebnis aus medizinischer Sicht die Physiotherapie immer in dem bestehenden Umfang notwendig sei oder ob dafür auch ein oder zwei Liegetage weniger ausreichen könnten.

## Die Prozessqualität beurteilen

Die vorliegenden Daten erlauben auch eine Analyse der Prozessqualität des medizinischen Behandlungsprozesses. Die

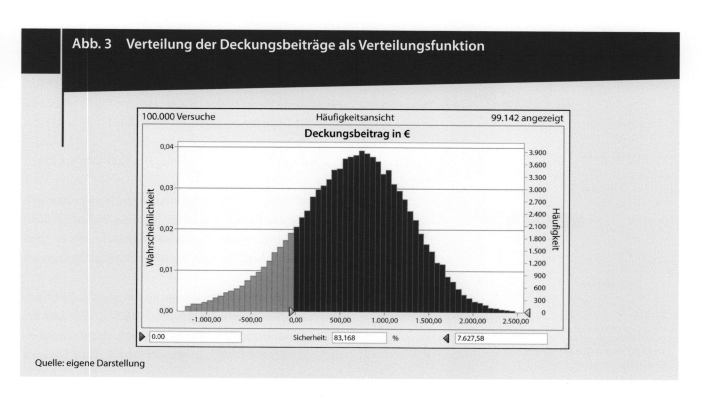

**Abb. 3  Verteilung der Deckungsbeiträge als Verteilungsfunktion**

100.000 Versuche          Häufigkeitsansicht          99.142 angezeigt

Deckungsbeitrag in €

Quelle: eigene Darstellung

Six-Sigma-Analyse, wie sie im industriellen Bereich zum Beispiel im Rahmen der statistischen Prozesskontrolle zur Anwendung kommt, bietet sich dafür an (zu Details vergleiche Kamiske/Brauer 2011, S. 281 ff.; Coenenberg/Fischer/ Günther 2012, S. 647 ff.). Die statistische Prozesskontrolle untersucht, ob Prozesse systematisch oder zufällig von geforderten Sollwerten abweichen. Hierzu werden unter Rückgriff auf statistische Verteilungen (in der Regel wird die Normalverteilung angenommen) Messwerte im Zeitablauf in eine Qualitätsregelkarte eingetragen. Bei Überschreitung bestimmter Warngrenzen (±2s Standardabweichungen vom Mittelwert) werden weitere Maßnahmen wie die erneute Ziehung einer Stichprobe eingeleitet. Werden die noch weiter gefassten Eingriffsgrenzen überschritten (±3s Standardabweichungen vom Mittelwert und damit 6s oder „Six Sigma" Spannweite an Streuung), kann der Prozess zum Beispiel ganz abgebrochen werden.

Dazu müssen die obere und untere Verweildauer der Patienten im Krankenhaus, die über die DRG-Vergütung vorgegeben werden, als obere und untere „Eingriffsgrenze" interpretiert werden. Der oberen und unteren Verweildauer kommt bei DRGs eine besondere Bedeutung zu. Bei Über- oder Unterschreitung werden im DRG-System Mehrkosten nur unterproportional erstattet beziehungsweise wird die pauschale DRG-Vergütung reduziert. Die Krankenhäuser sind damit gezwungen, so weit wie möglich innerhalb des Korridors aus oberer und unterer Verweildauer zu bleiben.

Da im hier betrachteten Fall auch die mittlere Verweildauer bekannt ist, kann mittels der Kennzahl $c_{pk}$ die Fähigkeit des Behandlungsprozesses, maximal drei Standardabweichungen oder 3s nach oben oder nach unten von der mittleren Verweildauer abzuweichen, bewertet werden. Für die betrachteten Kniearthroplastiken lag die untere Verweildauer als Durchschnitt der drei geprüften DRG-Fälle zum Betrachtungszeitpunkt bei 4,05 und die obere Verweildauer bei 23,85 Tagen. In der verwendeten Stichprobe liegt die mittlere Verweildauer bei 9,72 Tagen und die Standardabweichung bei 2,02 Tagen. Damit errechnet sich eine Prozessfähigkeit $c_{pk}$ wie folgt:

$$c_{pk} = \frac{\min(OGV - \bar{x}; \bar{x} - UGV)}{3s} =$$
$$\frac{\min((23{,}85 - 9{,}72); (9{,}72 - 4{,}05)}{3 \times 2{,}02} =$$
$$\frac{\min(14{,}13; 5{,}67)}{6{,}06} = 0{,}94$$

Der $c_{pk}$-Wert kann auch in eine erwartete Fehlerrate pro eine Million Behandlungen (Parts per Million PPM oder Defect per Million Opportunities DPMO) umgerechnet werden, wie sie in der Industrie als Kennzahl üblich ist:

$$PPM = (1 - F(3 \times c_{pk}) + F(-3 \times c_{pk})) \times 1.000.000 = 4.926$$

F(x) stellt hier die Verteilungsfunktion der Standardnormalverteilung dar. Die Fehlerrate, das heißt die Wahrscheinlichkeit, dass die obere oder die untere Grenzverweildauer überschritten wird, liegt damit bei der Kniearthroplastik statistisch bei 0,49 Prozent.

In der Industrie werden $c_{pk}$ von größer gleich 1,33 (4 Sigma) oder größer gleich 2,0 (6 Sigma) gefordert. Der hier betrachtete medizinische Behandlungsprozess entspricht mit einem $c_{pk}$-Wert von 0,9383 damit nur knapp 3 Sigma (genauer 0,94 × 3 = 2,82 Sigma).

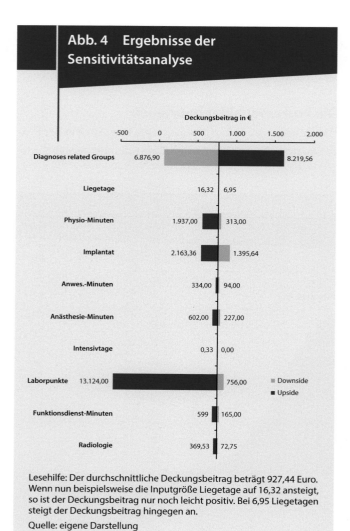

**Abb. 4 Ergebnisse der Sensitivitätsanalyse**

Lesehilfe: Der durchschnittliche Deckungsbeitrag beträgt 927,44 Euro. Wenn nun beispielsweise die Inputgröße Liegetage auf 16,32 ansteigt, so ist der Deckungsbeitrag nur noch leicht positiv. Bei 6,95 Liegetagen steigt der Deckungsbeitrag hingegen an.

Quelle: eigene Darstellung

Angesichts vielfältiger externer Einflussgrößen wie Vorerkrankungen oder Komplikationen im Behandlungsverlauf ist nicht zu erwarten und auch nicht zu fordern, dass medizinische Prozesse die Güte von industriellen Prozessen erreichen. Der $c_{pk}$-Wert kann jedoch auch als Maß für Komplikationen und Abweichungen von medizinischen Behandlungspfaden verstanden werden. Damit kann er als Ausgangsbasis für Diskussionen sowohl innerhalb der Ärzteschaft als auch zwischen Ärzten und Krankenhaus-Management dienen und so Lernprozesse initiieren.

## Schlussbetrachtung

Die Fallstudie veranschaulicht, dass medizinische Risiken ökonomische Risiken in Form von Kosten- oder Deckungsbeitragsschwankungen nach sich ziehen. Wie bei jedem Unternehmen kann auch bei Krankenhäusern analysiert werden, ob die bestehende Eigenkapitalausstattung ausreicht, um die medizinisch-ökonomischen Risiken im Worst Case über eine Value-at-Risk-Abschätzung abzudecken. Derartige Analysen

sind unseres Erachtens bisher im Krankenhausbereich nicht zu finden. Gerade im Kontext des vom Gesetzgeber seit dem Jahr 2014 geforderten Risiko-Management-Systems im Krankenhaus wären sie aber eine wichtige und notwendige Innovation (Gemeinsamer Bundesausschuss 2014).

> *„Die Analyse der Prozessqualität liefert ein Maß für Komplikationen und Abweichungen von medizinischen Behandlungspfaden.“*

Die Falldaten zeigen auch, dass medizinische Komplikationen durchschnittlich zu Mehrkosten von über 800 Euro pro Fall führen und damit kalkulatorische Wagniskosten von über drei Prozent alleine für Mehrkosten nach sich ziehen. Kosten für Beschwerde- oder Klagefälle oder auch etwaige Imageschäden sind hier noch gar nicht mit einbezogen. Eine Steigerung der Prozessqualität im Sinne einer geringeren Ab-

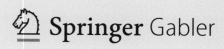

weichung von medizinischen und ablauforganisatorischen Behandlungspfaden führt zu geringeren Schwankungen der Verweildauern und damit der Fallkosten. Mithilfe von Monte-Carlo-Simulationen können Verteilungsfunktionen für Fallkosten und Deckungsbeiträge ermittelt werden. Dies ermöglicht Aussagen über die Wahrscheinlichkeit, dass bei einer bestimmten Behandlung die Erlöse die fallspezifischen Kosten nicht abdecken. Des Weiteren liefern ökonomische Sensitivitätsanalysen Ansatzpunkte, wie die Ärzteschaft zur Senkung von Fallkosten und indirekt zur Verbesserung der Prozessqualität beitragen kann. Durch Six-Sigma-Analysen, die die zugrunde liegenden Prozessdaten aufbereiten, lassen sich Messgrößen zur Stabilität medizinischer und ablauforganisatorischer Prozesse festlegen. So kann ermittelt werden, welche Schwankungen zufällig, welche abbaubar und welche unvermeidbar sind. Dies erfordert allerdings eine enge Zusammenarbeit zwischen den Ärzten und zwischen Ärzten und kaufmännischer Leitung sowie auch die Einbeziehung weiterer wichtiger Berufsgruppen wie Pflege oder Physiotherapie.

Die Arbeit mit den Falldaten des UKDs zeigt, wie durch Analysen an der Schnittstelle von Kosten-, Risiko- und Qualitäts-Management Anknüpfungspunkte zur Verbesserung der Prozessqualität gefunden werden können, die durchaus auch einen Beitrag zum wirtschaftlichen Erfolg eines Krankenhauses liefern können. Im Hinblick auf eine Win-Win-Situation bedarf es perspektivisch einer deutlich intensiveren Zusammenarbeit zwischen Qualitäts-/Risiko-Management, Controlling, Medizin-Controlling und den medizinischen Struktureinheiten.

## Literatur

Bundesärztekammer (2015): Statistische Erhebung der Gutachterkommissionen und Schlichtungsstellen für das Statistikjahr 2014, http://www.bundesaerztekammer.de/fileadmin/user_upload/downloads/pdf-Ordner/Behandlungsfehler/Behandlungsfehlerstatistik.pdf (letzter Abruf: 14.07.2015).

Coenenberg, A. G./Fischer, T. M./Günther, T. (2012): Kostenrechnung und Kostenanalyse, 8. Auflage, Stuttgart.

Gemeinsamer Bundesausschuss (2014): Richtlinie über die grundsätzlichen Anforderungen an ein einrichtungsinternes Qualitätsmanagement für nach § 108 SGB V zugelassene Krankenhäuser, https://www.g-ba.de/downloads/62-492-865/KQM-RL_2014-01-23.pdf (letzter Abruf: 24.07.2015).

Gleißner, W. (2011): Grundlagen des Risikomanagements im Unternehmen – Controlling, Unternehmensstrategie und wertorientiertes Management, 2. Auflage, München.

Günther, T./Smirska, K./Schiemann, F./Weber, S. (2009): Optimierung des Risikomanagementsystems am Beispiel der R. Stahl Technologiegruppe, in: Controlling, 21 (1), S. 48-56.

Institut für das Entgeltsystem im Krankenhaus (2007): Kalkulation von Fallkosten – Handbuch zur Anwendung in Krankenhäusern, http://www.g-drg.de/cms/Kalkulation2/DRG-Fallpauschalen_17b_KHG/Kalkulationshandbuch (letzter Abruf: 14.07.2015).

Kamiske, G. F./Brauer, J.-P. (2011): Qualitätsmanagement von A bis Z, Wichtige Begriffe des Qualitätsmanagements und ihre Bedeutung, 7. Auflage, München/Wien.

Kirschner, S./Lützner, J./Günther, K.-P./Eberlein-Gonska, M./Krummenauer, F. (2010): Adverse Events in Total Knee Arthroplasty: Results of a Physician Independent Survey in 260 Patients, in: Patient Safety in Surgery 2010, 4 (12), S. 1-7.

Kohn, L. T./Corrigan, J./Donaldson, M. S. (2000): To Err Is Human: Building a Safer Health System, Washington, DC.

---

# Strategische Unternehmensplanung bei der Techniker Krankenkasse

Differenzierung ist im regulierten Markt der gesetzlichen Krankenversicherungen nur eingeschränkt möglich. Dennoch entwickeln sich die Krankenkassen sehr unterschiedlich. Während einige Kunden verlieren, gelingt es der TK zu wachsen. Ihr jährlicher Strategie- und Planungsprozess bereitet das Unternehmen auf dieses Wachstum vor.

*Sünje Rosenhagen, Torsten Thiedemann*

Eine Körperschaft öffentlichen Rechts mit Selbstverwaltung unterscheidet sich in manchen Dingen von Wirtschaftsunternehmen. So auch die Techniker Krankenkasse (TK), die größte Krankenkasse in Deutschland. Während Wirtschaftsunternehmen nach dem Grundsatz der Gewinnmaximierung steuern, werden Entscheidungen bei der TK unter der Prämisse getroffen, die Beiträge der Mitglieder und Arbeitgeber optimal einzusetzen, um die Gesundheit der Kunden zu erhalten oder wiederherzustellen.

Hinzu kommen die Besonderheiten des Umfelds: Der Markt der gesetzlichen Krankenversicherung (GKV) ist in hohem Maße gesetzlich reguliert und folgt dem Solidarprinzip. So gilt beispielsweise der Kontrahierungszwang, das heißt, jeder Kunde wird unabhängig von seinen Einkünften und seiner Morbidität aufgenommen, wenn er dies wünscht. Eine Risikoselektion ist somit ausgeschlossen. Zudem ist der Wettbewerb eingeschränkt, da rund 95 Prozent der Leistungen im Sozialgesetzbuch festgeschrieben sind.

*„Die TK hat allein in den letzten fünf Jahren fast zwei Millionen neue Kunden hinzugewonnen.“*

Eine Krankenkasse kann sich also lediglich über fünf Prozent ihres Leistungsangebots von anderen Marktteilnehmern differenzieren. Zusätzlich wird die Preisgestaltung durch den Gesetzgeber geregelt. Bis Ende 2014 galt ein einheitlicher Beitragssatz für alle gesetzlichen Krankenkassen. Erst seit 2015 ist es den Kassen möglich, einen individuellen Zusatzbeitrag zu erheben und somit eine Differenzierung auch über den Preis zu erzielen. Eine weitere Besonderheit ist die begrenzte Nachfrage im Markt der GKV. Sie kann nicht durch die Anbieter ausgeweitet werden, sondern ist abhängig von exogenen Faktoren wie beispielsweise der gesamtwirtschaftlichen Entwicklung und der davon abhängigen Anzahl der sozialversicherungspflichtigen Beschäftigungsverhältnisse.

Dennoch – oder gerade wegen dieser herausfordernden Situation und der sich ändernden Rahmenbedingungen – wird die TK wie ein modernes Dienstleistungsunternehmen geführt, das vorrangig auf den Nutzen seiner Kunden ausgerichtet ist. Die TK kann auf ein starkes organisches Wachstum in den vergangenen Jahren zurückblicken. Allein in den letzten fünf Jahren konnten fast zwei Millionen neue Kunden gewonnen werden. Es gilt nun, die Organisation auf das weiter zu erzielende Wachstum vorzubereiten. Dafür sind interne Aufbau- und Ablaufstrukturen anzupassen, Entscheidungen über innovative Versorgungsangebote und neue Produkte zu treffen sowie neue Mitarbeiter zur Bewältigung der zusätzlichen Aufgaben einzustellen.

Realisiert wird dies über einen jährlichen Unternehmensplanungsprozess, den Strategie- und Planungsprozess (SuP). Eine zentrale Größe ist dabei die Entwicklung des Kundenbestands. Sie wird in einer bereichsübergreifenden Arbeitsgruppe ermittelt und dient als Grundlage für die weitere Planung.

*Sünje Rosenhagen*
*ist Fachreferentin im Controlling Markt*
*und Service der Techniker Krankenkasse.*

*Torsten Thiedemann*
*ist Leiter Controlling Markt und Service*
*der Techniker Krankenkasse.*

Sünje Rosenhagen
Techniker Krankenkasse, Hamburg, Deutschland
E-Mail: suenje.rosenhagen@tk.de

Torsten Thiedemann
Techniker Krankenkasse, Hamburg, Deutschland
E-Mail: torsten.thiedemann@tk.de

## Die Steuerungsfähigkeit fördern

Das Controlling der TK versteht seine Rolle innerhalb der Organisation wie auch im Rahmen des SuPs als eine Schnittstellenfunktion, die Berichte und Sonderanalysen nicht nur zur Verfügung stellt, sondern diese gemeinsam mit den Fachabteilungen interpretiert und daraus Maßnahmen ableitet. Das vorrangige Ziel ist, auf Basis dieser kommentierten Informationsversorgung Transparenz zu schaffen und somit die Prozess- und Entscheidungsqualität zu verbessern. Darüber hinaus gilt es, die gewählte Strategie und ihre Zielerreichung anhand der vorliegenden Analysen zu überprüfen und gegebenenfalls anzupassen. Hierzu setzt das Controlling durch einen hierarchieübergreifenden Steuerungsdialog Impulse und begleitet die Diskussionen als interner Berater des Managements der TK.

## Vom Ziel zur Maßnahme

Der SuP gliedert sich bei der TK in drei Ebenen (vergleiche **Abbildung 1**): Auf der Strategieebene werden die Strategie und die daraus abgeleiteten Maßnahmen hinsichtlich ihrer Zielerreichung einem Review unterzogen und die Ziele für die kommenden Jahre festgelegt. Ziel der Planungsebene ist, die Strategie in einer Mittelfristplanung mit konkreten Zielen, Maßnahmen und Kennzahlen zu operationalisieren. Diese werden auf der Maßnahmenebene auf einzelne Unterneh-

mensbereiche heruntergebrochen, und es werden Prozesse für die Messung der Zielerreichung definiert.

Strategieentwicklung und -review sind die wesentlichen Elemente der strategischen Unternehmensplanung der TK. Dabei findet die Strategie-Diskussion des Managements im Rahmen zweier Workshops im Herbst eines jeden Jahres statt. An den Workshops nehmen der Vorstand sowie die erste Führungsebene der TK teil. Die inhaltliche Vorbereitung der Workshops erfolgt gemeinsam mit allen Unternehmensbereichen der TK und wird durch das Controlling und die Unternehmensentwicklung koordiniert. Zielsetzung der Workshops und somit des Diskussionsprozesses ist die Festlegung der strategischen Ziele für die nächsten Jahre. Vorteil der Workshop-Methode ist, dass durch das Zusammenführen der Kompetenzen aller Bereiche der Unternehmensführung das Wissen und die Analysekompetenz aller Beteiligten gebündelt werden. Dies löst das Problem, dass einzelne Individuen oder Organisationseinheiten in der strategischen Entscheidungsfindung nicht oder kaum in der Lage sind, alle Konsequenzen jeder Entscheidungskombination zu berücksichtigen oder zu berechnen. Zudem bieten die Workshops ein Forum für die Diskussion, den Meinungsaustausch und die Konsensfindung über Ziele. Für eine effiziente Koordination der unternehmerischen Aktivitäten ist es erforderlich, eine breite Akzeptanz auf allen Hierarchieebenen, über alle Funktions-

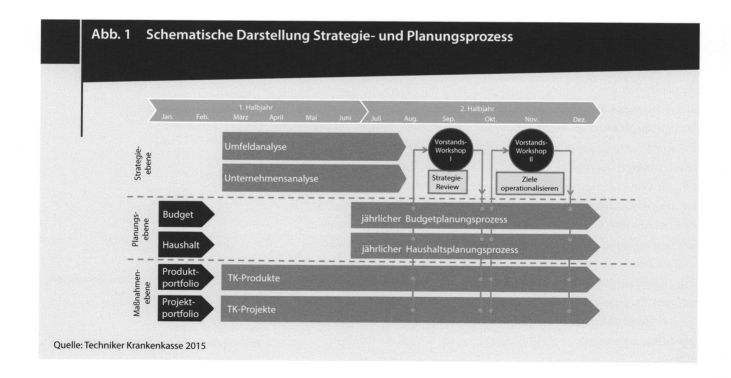

**Abb. 1    Schematische Darstellung Strategie- und Planungsprozess**

Quelle: Techniker Krankenkasse 2015

bereiche und Interessengruppen hinweg für die strategische Ausrichtung zu erreichen.

Ausgangspunkt der Diskussion sind die strategischen Ziele der TK. Auf diese sind sämtliche Aktivitäten des Kundenservices und der Kundenkommunikation sowie die Ausgestaltung des Produktportfolios, der Versorgungsangebote und des Marketings fokussiert.

In Vorbereitung der Strategiediskussion erfolgt eine dezidierte Analyse der Unternehmensumwelt. Die Umwelt umfasst dabei die gesamte Spannbreite wirtschaftlicher, sozialer, politischer und technologischer Faktoren, welche die Entscheidungen innerhalb der TK und dadurch ihren Markterfolg beeinflussen. Die Aufgabe der strategischen Unternehmensplanung wird darin gesehen, den Rahmen festzulegen, wie die TK ihre Ressourcen und Mittel in Relation zu ihrer Umwelt einsetzt beziehungsweise einsetzen sollte, um ihre langfristigen Ziele zu erreichen, und wie die TK zu organisieren ist, um diese Strategie erfolgreich umzusetzen. Dabei ist der SuP vorausschauend und greift antizipierbare Unsicherheiten im Markt- und Wettbewerbsumfeld der TK auf.

Auf der Planungsebene werden die strategischen Ziele im Rahmen der Mittelfristplanung operationalisiert, das heißt, es werden die Prämissen für die operative Jahresplanung des Folgejahres festgelegt. Dabei gibt es zwei parallel verlaufende Prozesse: die Haushalts- und die Budgetplanung. Der Haushalt spiegelt die externe Rechnungslegung der TK wider. Er

muss durch das Bundesversicherungsamt als zuständige Aufsichtsbehörde geprüft und genehmigt werden. Der Haushalt ist die absolute Obergrenze der Ausgaben und wird bei der TK durch den Bereich Finanzen zentral geplant und überwacht. Das Budget hingegen hat eine unternehmensinterne Steuerungsfunktion. Es gibt eine nicht zu überschreitende interne Zielgröße vor, die aus der operativen Planung der einzelnen Unternehmensbereiche abgeleitet wird. Diese Größe liegt unterhalb des Haushalts. Sie wird jährlich zwischen dem Vorstand und den Bereichen vereinbart und durch das Controlling nachgehalten.

## Ziele gemeinsam entwickeln

Eine zentrale Stellgröße der Mittelfristplanung ist die Entwicklung des Kundenbestands der TK. Im Rahmen einer bereichsübergreifenden Arbeitsgruppe, in der die für die Kundengewinnung und -bindung, den Service, das Marketing, die Finanzen und für die Unternehmensentwicklung verantwortlichen Bereiche sowie das Controlling vertreten sind, werden eine Unternehmens- und eine Umfeldanalyse erstellt, die die zahlreichen Implikationen auf das Wachstum berücksichtigen. Bestandteile sind eine gemeinsame Wettbewerbsanalyse des Marktumfelds und eine komparative Einschätzung der Marktposition der TK für die nächsten drei Jahre. Basierend hierauf wird die Entwicklung des Kundenbestands antizipiert (vergleiche **Abbildung 2**).

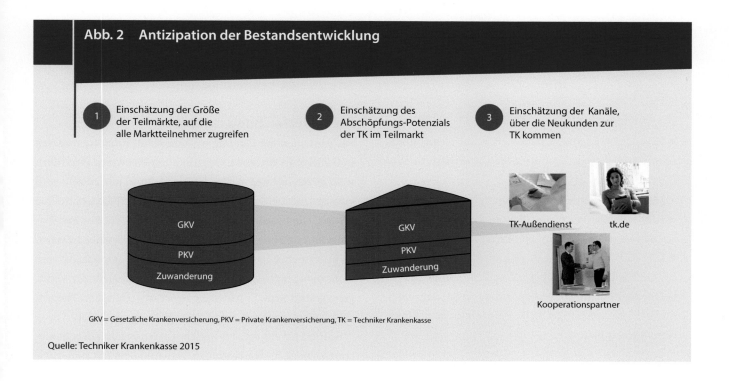

**Abb. 2    Antizipation der Bestandsentwicklung**

1  Einschätzung der Größe der Teilmärkte, auf die alle Marktteilnehmer zugreifen

2  Einschätzung des Abschöpfungs-Potenzials der TK im Teilmarkt

3  Einschätzung der Kanäle, über die Neukunden zur TK kommen

GKV
PKV
Zuwanderung

GKV
PKV
Zuwanderung

TK-Außendienst

tk.de

Kooperationspartner

GKV = Gesetzliche Krankenversicherung, PKV = Private Krankenversicherung, TK = Techniker Krankenkasse

Quelle: Techniker Krankenkasse 2015

Das wesentlichste Element der Unternehmensanalyse ist die Bewertung der Zu- und Abgänge der TK der letzten Jahre. Hierzu wird auf unternehmensinterne Daten und amtliche Statistiken des Bundesministeriums für Gesundheit zurückgegriffen. Die zentralen Fragen sind dabei, woher und über welchen Zugangskanal die Neukunden zur TK kamen und wohin auf der anderen Seite Kunden die TK verließen.

Im Rahmen der Umfeldanalyse wird das Marktumfeld der TK näher betrachtet. Der TK stehen – wie allen anderen Krankenkassen auch – drei Teilmärkte offen, auf denen Neukunden gewonnen werden können: andere gesetzliche Krankenkassen als unmittelbare Wettbewerber, die private Krankenversicherung, aus der eine zunehmende Wechseltendenz

*„Bei der operativen Jahresplanung gibt es zwei parallel verlaufende Prozesse: die Haushalts- und die Budgetplanung."*

zurück ins Solidarsystem der GKV feststellbar ist, sowie die Zuwanderer, die häufig erstmalig vor der Wahl einer Krankenversicherung in Deutschland stehen. Jeder dieser Teilmärkte unterliegt einer anderen Wettbewerbsdynamik und bietet je nach Schwerpunkt der unternehmerischen und vertrieblichen Ausrichtung den Akteuren unterschiedliche Wachstumspotenziale. Die Umfeldanalyse bewertet, inwieweit diese Potenziale auch ausgeschöpft werden. Daneben beantwortet sie auch die Frage, über welche Zugangskanäle – beispielsweise über den operativen Außendienst, über Kooperationspartner oder über Online-Neuaufnahmeanträge – Neukunden zur TK gekommen sind. Analog betrachtet wird

## Zusammenfassung

- Gesetzliche Krankenkassen haben nur wenig Spielraum, um sich gegenüber ihren Wettbewerbern zu profilieren.
- Durch einen Strategie- und Planungsprozess versucht die Techniker Krankenkasse, dennoch weiterhin die Voraussetzungen für zukünftigen Erfolg zu schaffen.
- Die Ziel-Entwicklung des Kundenbestands ist ein Beispiel für die bereichsübergreifende Zusammenarbeit bei Strategieentwicklung und Planung. Das Controlling und ein aussagekräftiges BI-System leisten dazu einen wesentlichen Beitrag.

im Rahmen der Umfeldanalyse auch die Abgangsseite mit den Kunden, die die TK verlassen haben.

Aufgrund des zunehmenden Wettbewerbs in der GKV wird ein besonderer Fokus auf die Kassenwechsler innerhalb der GKV gelegt. Detailliert betrachtet werden hierbei die aufnehmenden und abgebenden Kassen, ihre Preisposition und der Leistungsumfang ihrer Produktportfolios. In Ergänzung zur Unternehmensanalyse werden dadurch die Marktpositionen der TK und ihrer Wettbewerber sowie ausgeschöpfte beziehungsweise nicht ausgeschöpfte Potenziale bewertet.

Vervollständigt wird die Analyse der Teilmärkte um makroökonomische Daten zur wirtschaftlichen Entwicklung, zur Zu- und Abwanderung sowie zur demografischen Entwicklung in der Bundesrepublik Deutschland. Konsequent berücksichtigt werden dabei die zu erwartende Entwicklung der gesundheitspolitischen Rahmenbedingungen und daraus resultierende Chancen und Risiken für die TK wie auch für die Wettbewerber. So kann der Gesetzgeber durch Anpassungen des morbiditätsorientierten Risikostrukturausgleichs (Morbi-RSA) Veränderungen auf der Einnahmenseite der Kassen herbeiführen. Der Morbi-RSA minimiert die Unterschiede in der Versichertenstruktur nach Einkommen und Morbidität zwischen den einzelnen Krankenkassen. Somit werden den Kassen die Einnahmen aus dem Gesundheitsfonds zugewiesen, die sie benötigen, um ihre Leistungsausgaben zu decken. Zu Veränderungen auf der Ausgabenseite kommt es auch durch neue Gesetzesvorhaben wie beispielsweise das Versorgungsstärkungs- oder das Präventionsgesetz. Solche Veränderungen der gesundheitspolitischen Rahmenbedingungen können für die einzelnen Kassen entweder eine be- oder eine entlastende Wirkung haben und somit unmittelbar zu einer veränderten Wettbewerbssituation führen.

## Die Zielerreichung messen

Als Abschluss der Planung wird diese mit ihren Kennzahlen und Zielen in ein aussagekräftiges Berichtswesen überführt, welches als Auslöser steuernder Maßnahmen gilt. Hierfür wird ein unternehmensweit gültiger Standard durch das Controlling gesetzt. Die Entwicklung im Vergleich zum Vorjahr, zur Planung und zur Prognose wird dadurch nachvollziehbar. Zentrales Instrument ist ein Unternehmensbericht, der monatlich vom Controlling herausgegeben und dem Management zur Verfügung gestellt wird. Er bildet alle steuerungsrelevanten Themen nach Verantwortungs- und Themenschwerpunkten ab.

Aufbauend auf diesem Bericht finden regelmäßige Steuerungsdialoge in den einzelnen Vorstandsressorts statt. Zielsetzung sind die Schaffung von Transparenz sowie eines gemeinsamen Verständnisses, um anschließend konzertierte Handlungsansätze abzuleiten. Teilnehmer sind der jeweilige Vorstand und die Leiter der nachgeordneten Bereiche sowie die Bereichsleiter Controlling und Finanzen. Die Termine werden vom Controlling initiiert und gemeinsam mit den Bereichen inhaltlich vorbereitet.

Einige Kennzahlen verlangen es, aufgrund ihrer Bedeutung als Frühindikator in kürzeren Rhythmen verfolgt zu werden als in einem monatlichen Abstand. Voraussetzung ist natürlich, dass die Daten auch in den notwendigen Aktualisierungszeiträumen zur Verfügung gestellt werden können. Zur Messung des Ziels der Entwicklung des Kundenbestands ist es gelungen, einen Bericht aufzusetzen, der auf Tagesbasis die Kundenzu- und -abgänge abbildet und der automatisch an das Management versendet wird (vergleiche **Abbildung 3**). Dieser Bericht zeigt auf Detailebene, wie viele Zu- und Abgänge von und zu welcher Kasse am Vortag erfasst wurden, und ordnet diese Kennzahl in ihren zeitlichen Verlauf ein. Auf diesen Bericht können sowohl das Controlling als auch der Vorstand und die anderen Bereiche aufsetzen, um bei Abweichungen zeitnah in einen Dialog zu treten.

## BI-Strukturen als Voraussetzung

Mit der Zunahme der dynamischen Umfeldveränderungen steigen die Anforderungen an ein aussagekräftiges Berichts-

### Kernthesen
• Entscheidend für Wachstum sind die Antizipation des Marktumfelds und die Fokussierung der eigenen Aktivitäten.
• Die strukturierte Diskussion der eigenen Handlungsoptionen sichert die zukünftige Ausrichtung des Unternehmens.
• Eine bereichsübergreifende Zusammenarbeit bündelt das im Unternehmen vorhandene Wissen und die Analysekompetenz.
• Ein Investment in BI-Strukturen erhöht die Wirksamkeit des Berichtswesens und die Diskussionsfähigkeit.

wesen. So gilt es, die Aktualisierungszeiträume zu verkürzen, Reaktionszeiten der IT-Tools zu reduzieren sowie die Daten jederzeit online und über verschiedene Medien zugänglich zu machen. Dabei sollen die unterschiedlichen Informationsbedürfnisse aller Zielgruppen bedient und höchste Datenqualität gewährleistet werden.

Die TK hat frühzeitig damit begonnen, ein Datawarehouse (DWH) aufzubauen, das diese Bedürfnisse bedient und das die Basis für ein transparentes Berichtswesen ist. Im DWH

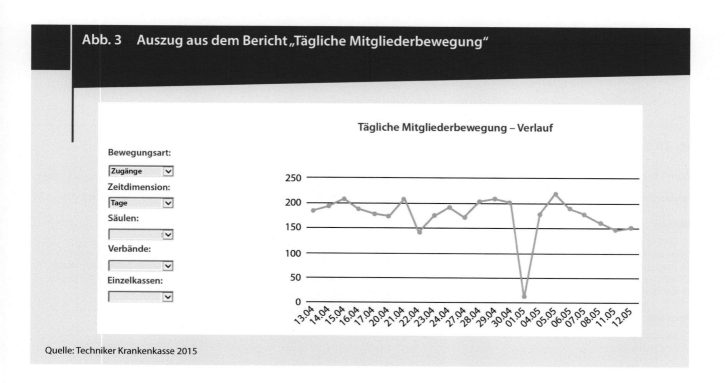

Abb. 3    Auszug aus dem Bericht „Tägliche Mitgliederbewegung"

Quelle: Techniker Krankenkasse 2015

## Handlungsempfehlungen

• Schaffen Sie eine Plattform für eine formalisierte und institutionalisierte Diskussion über die zukünftige Entwicklung des Marktumfeldes und des Unternehmens.

• Binden Sie dabei alle relevanten Stakeholder ein und bündeln Sie das vorhandene Wissen.

• Investieren Sie rechtzeitig in eine zeitgemäße BI-Umgebung. Binden Sie alle relevanten Datenquellen an und schaffen Sie damit die Voraussetzung für Ad-hoc-Analysen Ihrer Performance am Markt.

sind Kundenstammdaten, Daten zu den Leistungsausgaben, aber auch Service-Kennzahlen enthalten. Diese sind unter Einhaltung der gesetzlichen Bestimmungen für mehrere Jahre archiviert, um Entwicklungen beispielsweise bei wiederkehrenden Wettbewerbsbedingungen darstellen und ableiten zu können.

Zudem soll mit der Investition in den Aufbau eines Business-Intelligence-Portals (BI-Portal) die Informationsverteilung innerhalb der TK optimiert werden. Es werden alle Informationen enthalten sein, die zur Beantwortung aktueller Management-Fragen notwendig sind. Durch die strukturierte Darstellung in vordefinierten Dashboards und durch eine intuitiv gelenkte Navigation werden Informationen zielgruppengerecht aufbereitet, und die Analysefähigkeit wird vereinfacht. So können, orientiert an den Bedürfnissen, unterschiedliche Detailebenen angesteuert werden. An geeigneten Analysepunkten wird ein Absprung in einen Self-Service-Bereich ermöglicht, um weitergehende Analysen abzurufen. Die Umsetzung des Berichts „Tägliche Mitgliederbewegung" gilt als Prototyp für den Aufbau zukunftsfähiger BI-Strukturen.

## Schlussbetrachtung

Die Betrachtung des Strategie- und Planungsprozesses der TK zeigt, dass das Handeln einer gesetzlichen Krankenkasse in vielen Bereichen maßgeblich durch exogene Faktoren beeinflusst wird. Die Herausforderung für die Akteure besteht darin, innerhalb des geringen Spielraums die optimalen Voraussetzungen für den unternehmerischen Erfolg zu schaffen. So führen die gesetzlichen Veröffentlichungspflichten der Mitglieder- und Finanzzahlen zu einem sehr transparenten Markt. Jeder Einzelkasse liegen detaillierte Informationen über die Wettbewerber vor, welche bei wichtigen Entscheidungen berücksichtigt werden können. Diese Möglichkeit bietet sich Wirtschaftsunternehmen häufig nicht. Allerdings verhindert beispielsweise das Solidaritätsprinzip manche aus betriebswirtschaftlicher Sicht und aus der Controlling-Perspektive notwendige Steuerungsmaßnahme, die andere Wirtschaftsunternehmen umsetzen könnten.

---

# Das Berichtswesen adressatengerechter gestalten

Controller, Mediziner und Pflegekräfte bewerten das Berichtswesen in Kliniken laut einer Studie sehr unterschiedlich. Auch die Erwartungen an Berichte unterscheiden sich deutlich. Hier muss das Controlling ansetzen, um das Berichtswesen in Krankenhäusern stärker auf die jeweilige Zielgruppe auszurichten.

*Winfried Zapp, Heike Asbach*

Das Berichtswesen gilt im Krankenhaussektor als eines der wichtigsten Koordinations- und Kommunikationsinstrumente des Controllings: Auf der einen Seite stehen die Controller als Ersteller und Sender der Berichte und auf der anderen Seite die wenig ökonomisch geschulten Mediziner und Pflegekräfte. Auf Basis von Informationen sollen sie als Empfänger der Berichte Entscheidungen treffen und ihr Handeln daran ausrichten. Wenn die übermittelten Informationen nicht richtig verstanden werden, besteht die Gefahr von Fehlinterpretationen, was Fehlentscheidungen im ökonomischen Sinne zur Folge haben kann. Um solche Fehlentscheidung bestenfalls zu vermeiden oder zumindest deutlich zu minimieren, ist interessant zu erfahren:

- Welche Absichten verfolgt der Krankenhaus-Controller mit seinen Berichten?
- Was berichtet der Controller, und wie gestaltet er die Berichte?
- Welche konkreten Erwartungen haben die leitenden Mediziner und Pflegekräfte als Entscheidungsträger an das Berichtswesen?

Diese Fragestellungen waren Anlass für eine Untersuchung, die an den somatischen Kliniken Niedersachsens stattfand. Controller, leitende Ärzte und leitende Pflegekräfte wurden dazu befragt, wie sie zum einen die Berichte selbst und zum anderen das gesamte Berichtswesen ihrer Einrichtung bewerten. Den theoretischen Hintergrund für die Untersuchung lieferte die Erkenntnis, dass Menschen keine vollständig rationalen Wesen sind. In der Literatur sind diverse Mechanismen und psychologische Phänomene beschrieben, die das Urteilsvermögen von Managern beeinträchtigen und zu Verzerrungen führen (vergleiche Weber 2014, S. 8; Taschner 2015, S. 11 ff.). Werden die kognitiven Verzerrungen im Controlling jedoch bewusst gemacht und bei der Gestaltung des Berichtswesens explizit berücksichtigt, können Effektivität und Effizienz gesteigert werden (vergleiche Weber 2014, S. 38, 52). Darüber hinaus müssen die verschiedenen Kennzahlen, Daten und Informationen mit Hintergrundwissen erläutert und erklärt werden. Erst dann können sie vom Controller in das Berichtswesen aufgenommen werden (vergleiche Zapp 2015).

*Prof. Dr. Winfried Zapp*
*lehrt an der Hochschule Osnabrück*
*Controlling im Gesundheitswesen.*

*Heike Asbach, M. A.*
*arbeitet als wissenschaftliche Mitarbeiterin*
*an der Hochschule Osnabrück.*

*„Alle drei Berufsgruppen wünschen sich ein insgesamt stärkeres Miteinander von Pflege, Medizin und Controlling."*

## Wesentliche Ergebnisse der Untersuchung
### Wozu werden Standardberichte erstellt?

Die Controller wurden gefragt, welchen Zweck sie mit der Erstellung der Standardberichte verfolgen. Mediziner und Pflegekräfte hingegen sollten angeben, was sie denken, welchen Zweck die Controller mit den Berichten verfolgen. Wie **Abbildung 1** zeigt, beabsichtigen die Controller, mit ihren Berichten Informationen zu liefern, Transparenz zu schaffen, Steuerung zu ermöglichen, Entscheidungen zu unterstützen, wesentliche Einflusspersonen

Winfried Zapp
Hochschule Osnabrück, Osnabrück, Deutschland
E-Mail: w.zapp@hs-osnabrueck.de

Heike Asbach
Hochschule Osnabrück, Osnabrück, Deutschland
E-Mail: h.asbach@hs-osnabrueck.de

## Methodik

Wie beurteilen Controller, Ärzte und Pflegekräfte zum einen die Berichte selbst und zum anderen das gesamte Berichtswesen ihrer Einrichtung? Diese Fragen waren Anlass für ein Forschungsprojekt, das von 2010 bis 2012 an der Hochschule Osnabrück unter der wissenschaftlichen Leitung von Professor Winfried Zapp durchgeführt und vom Europäischen Fonds für regionale Entwicklung (EFRE) gefördert wurde. Im Rahmen des Projekts fand eine Online-Erhebung in den somatischen Kliniken Niedersachsens statt [n = 143]. Insgesamt 903 Personen (97 Controller, 602 leitende Ärzte, 204 leitende Pflegekräfte) wurden persönlich per E-Mail angeschrieben und über eine Verknüpfung zu der Befragung geführt. Es handelte sich um einen komplexen Fragebogen, der sich nach einem allgemeinen Teil mit Fragen zur Person, zum Krankenhaus und zur Organisation des Controllings in drei berufsgruppenspezifische Stränge gliederte. Im Aufbau orientierte er sich am sogenannten W-Fragen-Schema (wozu, was, wie, wann, wer). 250 Personen beteiligten sich an der Befragung. Die Rücklaufquote betrug für die Controller 41,2 Prozent, für die Ärzte 19,4 Prozent und für die Pflegekräfte 45,6 Prozent.

einzubeziehen und wirtschaftliches Handeln zu fördern. Die Zwecke, mit den Berichten Aktionen auszulösen und den Empfängern beim Selbst-Controlling behilflich zu sein, erzielen niedrigere Werte. Den Hauptzweck vermuten sowohl Ärzte als auch Pflegekräfte in puncto Information. Alle weiteren Einschätzungen liegen unterhalb der Absichten der Controller.

### Was ist der Inhalt der Standardberichte?

Alle drei Berufsgruppen wurden gefragt, welche Informationen die Standardberichte enthalten und welche Relevanz sie diesen jeweils beimessen. Hier wurden folgende vier Bereiche unterschieden:

- Finanzkennzahlen: Vermögen, Kapital, Liquidität, Gewinn, Umsatz und andere
- Leistungskennzahlen: Case Mix, Case Mix Index, Fallzahl, Behandlungstage und andere
- Qualitätskennzahlen: Komplikationsrate, Wiederaufnahmerate, Patientenzufriedenheit und andere
- Prozesskennzahlen: Verweildauer, Schnitt-Naht-Zeit, Wartezeiten, Leerzeiten und andere

Controller weisen Leistungskennzahlen die höchste Bedeutung zu, gefolgt von Finanz- und Prozesskennzahlen. Qualitätskennzahlen spielen für Controller die geringste Rolle. Qualitäts- und Prozesskennzahlen sind hingegen für Mediziner und Pflegekräfte genauso relevant wie Leistungskennzah-

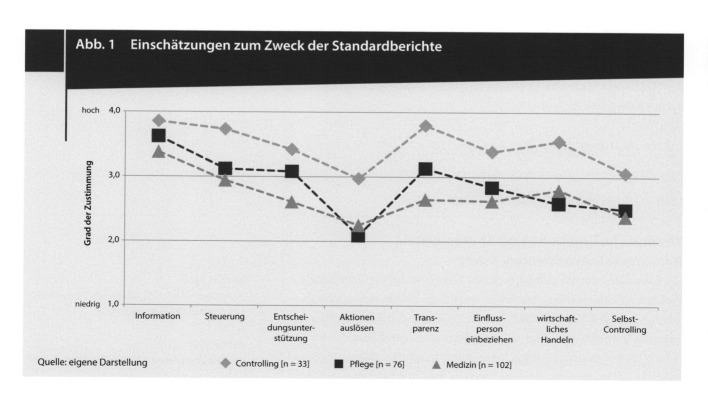

**Abb. 1   Einschätzungen zum Zweck der Standardberichte**

Quelle: eigene Darstellung
◆ Controlling [n = 33]   ■ Pflege [n = 76]   ▲ Medizin [n = 102]

len. Letztere werden bereits häufig übermittelt, während Finanzkennzahlen deutlich seltener berichtet werden. 28 Prozent der Pflegekräfte und 41 Prozent der Mediziner geben an, sie nicht zu erhalten, aber zu benötigen. Für Qualitätskennzahlen ist das Bild noch eindeutiger. Rund 38 Prozent der Pflegenden und 71 Prozent der Mediziner signalisieren eindeutig Bedarf. Bei den Prozesskennzahlen geben jeweils ein Drittel der beiden Berufsgruppen an, dass sie keine beziehen, sie aber gerne vorliegen hätten.

Ein genauerer Blick auf die Finanzkennzahlen zeigt, dass Mediziner den meisten finanziellen Kennzahlen eine höhere Relevanz beimessen als Controller und Pflegekräfte. Am wichtigsten ist den Ärzten das Ergebnis, gefolgt von Erlösen und Kosten je DRG („Diagnosis Related Groups", deutsch: diagnosebezogene Fallgruppen), Kosten je Fall, Personalkosten je Fachabteilung und die sogenannten Wahlleistungserlöse wie zum Beispiel Einnahmen durch Zuschläge für Chefarztbehandlung und Einzelzimmer. Controller und Pflegekräfte schätzen die Relevanz der einzelnen Kennzahlen sehr ähnlich ein. Für beide Berufsgruppen sind insbesondere das Ergebnis und die Personalkosten je Fachabteilung relevant.

Mediziner und Pflegekräfte wurden darüber hinaus gefragt, welche dieser finanziellen Kennzahlen sie erhalten beziehungsweise nicht erhalten und welche sie benötigen. Bei den Medi-

zinern zeigt sich hier ein besonders hoher ungedeckter Bedarf. 60 Prozent der Ärzte geben an, die Kosten je DRG und je Fall zur Steuerung ihres Verantwortungsbereichs zu benötigen, aber nicht zu bekommen. Bei der Kennzahl „Deckungsbeitrag je Fall" sind es sogar fast 65 Prozent. Großes Interesse signalisieren beide Berufsgruppen auch an Informationen zum medizinischen Sachbedarf wie zum Beispiel Arzneimittel, Verbandmittel und Laborbedarf (Ärzte 51 Prozent, Pflegekräfte 40 Prozent).

Auch in Bezug auf nicht-finanzielle Kennzahlen wurden Mediziner und Pflegekräfte gefragt, welche sie erhalten und welche sie benötigen. Wie **Abbildung 2** zeigt, geben 65 Prozent der Mediziner und 48 Prozent der Pflegekräfte an, Kennzahlen zur Patientenzufriedenheit zu benötigen, aber nicht zu erhalten. Ein hoher Bedarf zeigt sich auch bei den mitarbeiterbezogenen Kennzahlen, besonders bei den Ärzten. Ebenso erwarten sie Kennzahlen zur Einweiserstruktur und zur ambulanten Leistungserfassung. Die Pflegenden vermissen insbesondere Daten zur OP-Leistung und ebenfalls zur ambulanten Leistungserfassung. Insgesamt zeigt sich bei den Medizinern ein deutlich höherer Bedarf.

### Wie werden die Zahlen präsentiert?
Als Nächstes wurde erhoben, in welcher Art und Weise die Kennzahlen in den Berichten aufbereitet werden und ob wei-

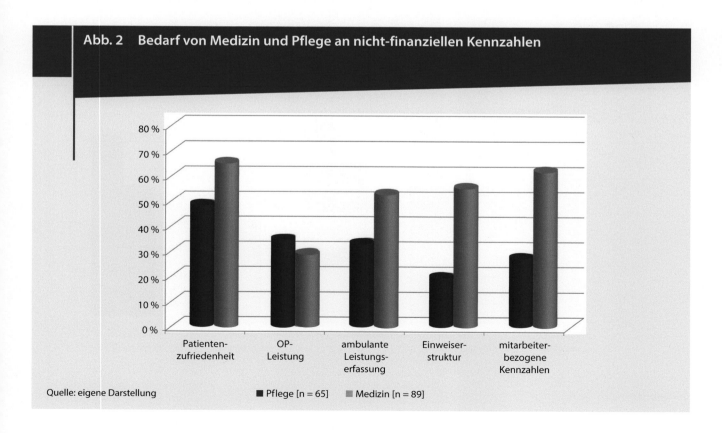

**Abb. 2** **Bedarf von Medizin und Pflege an nicht-finanziellen Kennzahlen**

Quelle: eigene Darstellung    ■ Pflege [n = 65]    ■ Medizin [n = 89]

## Zusammenfassung

- In den somatischen Krankenhäusern Niedersachsens wurde unter Leitung von Professor Winfried Zapp, Hochschule Osnabrück, eine umfangreiche Online-Befragung zum Thema Berichtswesen durchgeführt.
- Die empirische Erhebung zeigt, dass die Bedeutung wesentlicher Informationen von allen betroffenen Berufsgruppen – Ärzte, Pflegekräfte und Controller – gesehen wird, wenn auch in unterschiedlicher Gewichtung.
- Die einzelnen Berichte und das gesamte Berichtswesen in Krankenhäusern müssen überarbeitet werden und sind stärker auf Kommunikation und Verhaltensorientierung auszurichten.

tere Inhalte wie Kommentare oder Bewertungen enthalten sind. Die Controller geben an, dass Soll-Plan-Ist-Vergleiche mit 90 Prozent und Zeitreihen mit 80 Prozent am häufigsten verwendet werden. Abweichungsursachen und Kommentare werden zu 50 Prozent übermittelt, Vorschläge für Gegenmaßnahmen und Bewertungen zu jeweils 40 Prozent. Externe

Benchmarks werden im Gegensatz zu internen kaum berichtet, ebenso wenig Kosten-Nutzen-Analysen. Einen hohen ungedeckten Bedarf äußern sowohl Mediziner als auch Pflegekräfte in Bezug auf Abweichungsursachen, Vorschläge für Gegenmaßnahmen und Kosten-Nutzen-Analysen. Interne Benchmarks werden weniger gewünscht als externe Benchmarks, wie **Abbildung 3** zeigt.

### Wie kommunizieren Berichtersteller und Empfänger?

In puncto Kommunikation wurde zunächst ermittelt, dass bei 77 Prozent der Ärzte und bei 56 Prozent der Pflegekräfte im Vorfeld keine systematische Informationsbedarfsanalyse durchgeführt wurde. 76 Prozent der Mediziner und 53 Prozent der Pflegekräfte geben an, auch nicht an der Auswahl der Berichtsinhalte oder der Darstellungsform beteiligt zu sein.

Anschließend wurde die direkte Kommunikation zwischen Berichtersteller und Empfänger thematisiert. 83 Prozent der Controller führen regelmäßig persönliche Gespräche mit den Medizinern. Seitens der Mediziner bestätigen dies nur 41 Prozent. In Bezug auf die Pflegekräfte geben 59 Prozent der Controller an, persönliche Gespräche zu führen, was nur 36 Prozent der Pflegenden bejahen. Die Empfänger

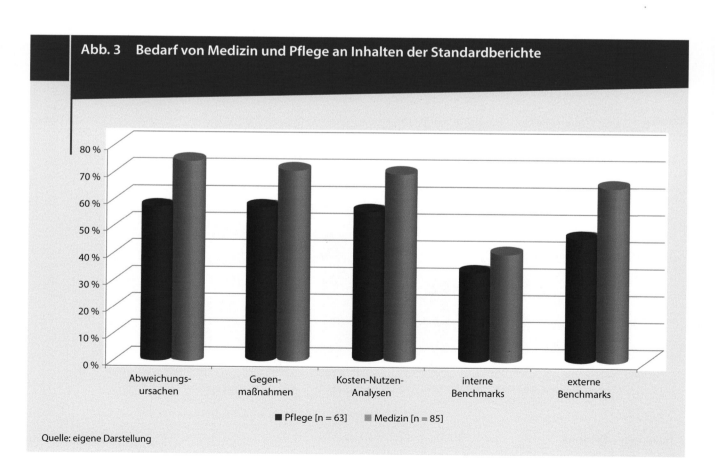

**Abb. 3** **Bedarf von Medizin und Pflege an Inhalten der Standardberichte**

Quelle: eigene Darstellung

haben meist einen festen Ansprechpartner in der Controlling-Abteilung und bestätigen, dass sie sich bei Rückfragen jederzeit an den Controller wenden können und dieser gut erreichbar ist.

### Wie wird das Berichtswesen bewertet?

Der letzte große Fragenkomplex bezog sich zum einen auf die Bewertung der Standardberichte und zum anderen auf die Beurteilung des gesamten Berichtswesens. In Hinblick auf die Verständlichkeit der Berichte zeigt sich, dass die verwendeten Begriffe im Großen und Ganzen eindeutig sind und einheitlich verwendet werden. Eine Legende für die Bedeutung der Begriffsnormen vermissen allerdings 65 Prozent der Mediziner und 76 Prozent der Pflegekräfte. Dass die Berichte zielgruppenorientiert, das heißt gut auf die unterschiedlichen Professionen abgestimmt, und empfängerorientiert, das heißt am Individuum ausgerichtet, gestaltet sind, wird von allen drei Berufsgruppen verneint, wenn auch die Controller die Zielgruppenorientierung etwas besser beurteilen als die Empfängerorientierung.

Die orangefarbene Fläche des Netzdiagramms in **Abbildung 4** zeigt, dass die Controller die von ihnen erstellten Berichte in

**Kernthesen**

- Das Berichtswesen in den teilnehmenden Einrichtungen weist inhaltliche, formelle und strukturelle Defizite auf.
- Die Gestaltung ist wenig adressatengerecht in Bezug auf die Bedarfe der unterschiedlichen Berufsgruppen.
- Es ist wenig empfängerorientiert in Bezug auf die individuellen Merkmale und Kompetenzen der einzelnen Personen.

allen Punkten am besten bewerten, besonders in Bezug auf Zweckorientierung, Entscheidungsrelevanz, Verständlichkeit, Aussagekraft und Nachvollziehbarkeit. Schlechter beurteilen sie die Items empfängerorientiert, widerspruchsfrei und problemgerecht.

Auf einen Blick wird deutlich, dass auch hier die Mediziner die Standardberichte kritischer bewerten als die Pflegekräfte. Die geringste Zustimmung vonseiten der Ärzte und Pflegekräfte erhält der Punkt Empfängerorientierung. Auch das Item wi-

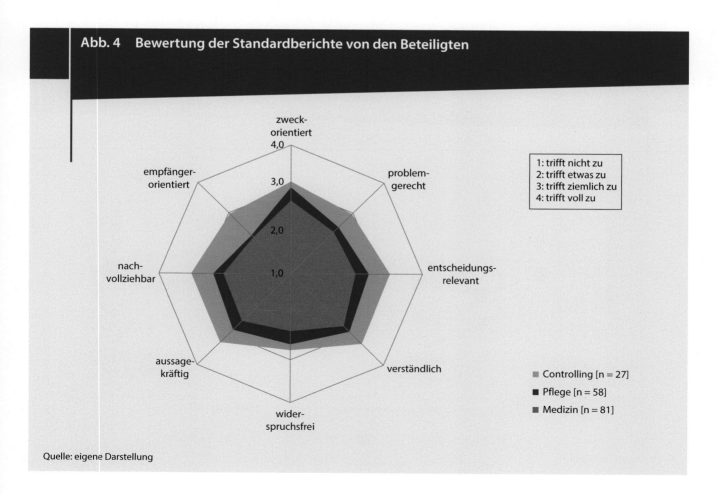

**Abb. 4 Bewertung der Standardberichte von den Beteiligten**

1: trifft nicht zu
2: trifft etwas zu
3: trifft ziemlich zu
4: trifft voll zu

■ Controlling [n = 27]
■ Pflege [n = 58]
■ Medizin [n = 81]

Quelle: eigene Darstellung

derspruchfrei schneidet vergleichsweise schlecht ab, genau wie bei den Controllern. Dass die Mediziner dem Punkt Entscheidungsrelevanz nicht zustimmen, unterstreicht die von ihnen an anderer Stelle getätigte Aussage, dass sie Entscheidungen eher aufgrund ihrer Erfahrung treffen und nicht aufgrund der Informationen aus den Berichten.

## „Controller weisen Leistungskennzahlen die höchste Bedeutung zu, gefolgt von Finanz- und Prozesskennzahlen."

Bei der Bewertung des gesamten Berichtswesens erhalten die höchste Zustimmung bei allen drei Berufsgruppen die Items „Die übermittelten Informationen nehme ich ernst" und „Die Informationen beeinflussen mein Handeln" (vergleiche **Abbildung 5**). Die beste Bewertung in allen Punkten geben auch hier die Controller ab, während die Mediziner die geringste Zustimmung äußern. Insbesondere die Punkte „Hinweis auf Chancen" und „Warnung vor Risiken" erhalten von Empfängerseite die schlechtesten Benotungen, ähnlich auch die „Benutzerfreundlichkeit". Der Aussage „Die Berichte ermöglichen mir eine schnelle Orientierung" stimmen die

Empfänger zu, wenn auch nicht in so hohem Maße wie die Controller. Ebenso erachten sie die Berichte als nützlich zur Steuerung ihres Verantwortungsbereichs, die Pflegekräfte noch stärker als die Ärzte.

### Was lässt sich besser machen?

Abschließend wurden den Teilnehmern diverse Verbesserungsvorschläge unterbreitet, die sie bewerten sollten. Alle drei Berufsgruppen wünschen sich in gleichem Maße eine bessere Abstimmung zwischen den Erstellern und den Empfängern der Berichte sowie ein insgesamt stärkeres Miteinander von Pflege, Medizin und Controlling. Am Auf- beziehungsweise Ausbau eines spezifischen Pflege-Controllings sind insbesondere die Pflegekräfte interessiert, was auch die anderen Berufsgruppen unterstützen. Eine Optimierung der IT wünschen sich ebenfalls alle Beteiligten, insbesondere die Mediziner. Die Controller fordern eine höhere Flexibilität der IT und den verstärkten Einsatz von Data-Warehouse-Lösungen.

Die Aussage „Es wäre sinnvoll, wenn die Pflegekräfte im Controlling hospitieren" wird vonseiten der Pflegekräfte bejaht. Ärzte, aber vor allem die Controller schätzen diese Notwendigkeit geringer ein. Einen Einsatz der Mediziner in der

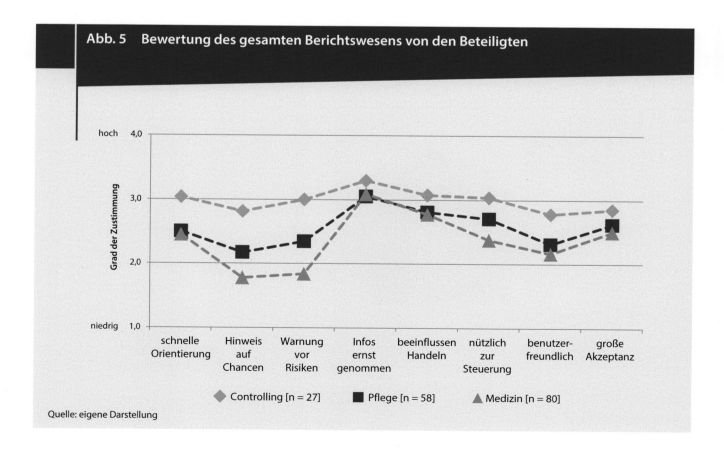

**Abb. 5    Bewertung des gesamten Berichtswesens von den Beteiligten**

Quelle: eigene Darstellung

Controlling-Abteilung befürworten weder die Ärzte noch die Controller. Lediglich die Pflegekräfte finden dies sinnvoll. Übereinstimmend wünschen sich alle Professionen eine Hospitation von Controllern im medizinisch-pflegerischen Bereich. Außerdem müssten ökonomische Kenntnisse bei Ärzten und Pflegekräften in Ausbildung und Studium stärker vermittelt werden.

## „Mediziner messen den meisten finanziellen Kennzahlen eine höhere Relevanz bei als Controller und Pflegekräfte."

### Schlussbetrachtung

Die Untersuchung zeigt, dass das Berichtswesen in den teilnehmenden Einrichtungen sowohl inhaltliche als auch formelle und strukturelle Defizite aufweist. Es ist wenig adressatengerecht gestaltet in Bezug auf die jeweiligen Bedarfe der unterschiedlichen Berufsgruppen und wenig empfängerorientiert gestaltet in Bezug auf die individuellen Merkmale und Kompetenzen der einzelnen Personen. Verhaltensorientierte Ansätze und Aspekte der Wahrnehmung werden kaum berücksichtigt. Zudem findet im Vorfeld keine systematische Informationsanalyse statt. Das führt dazu, dass die Berichtsempfänger einerseits Kennzahlen erhalten, die sie ihrer Ansicht nach zur Steuerung ihres Verantwortungsbereichs überhaupt nicht benötigen, während sie andererseits auf Kennzahlen verzichten müssen, die sie gerne vorliegen hätten. Vor allem Kennzahlen zur Qualität fehlen den Empfängern, speziell zur Patientenzufriedenheit. Einen besonders hohen Bedarf äußern Ärzte und Pflegekräfte in puncto Abweichungs-

### Handlungsempfehlungen

- Führen Sie im Vorfeld eine systematische Informationsbedarfsanalyse durch, indem Sie die Empfänger der Controlling-Informationen beteiligen und sie nach Zielen und Anforderungen fragen.
- Analysieren Sie diese Informationen gemeinsam mit den betroffenen Beteiligten, sowohl mit den Empfängern als auch mit den Sendern, und gestalten Sie daraufhin Ihr empfängerorientiertes Berichtswesen.
- Planen Sie neben der Informationsübermittlung in Form der Berichte regelmäßige persönliche Gespräche als Austauschforum ein. Daneben sind bereichsbezogene Gesprächsrunden (Chefarzt, Pflege) sinnvoll.
- Den Gestaltungs- und Veränderungsprozess lassen Sie den Controller moderieren, und berücksichtigen Sie verhaltensorientierte und psychologische Erkenntnisse bei der Erstellung und Gestaltung der Berichte.
- Achten Sie darauf, dass der Controller als Informationsgenerator und vor allem als Moderator das Berichtswesen offensiv vertreten kann.

ursachen, Vorschläge für Gegenmaßnahmen und Kosten-Nutzen-Analysen. Kennzahlen zur Leistungserfassung in der Pflege (LEP) scheinen nicht sehr relevant zu sein. Schließlich lässt sich feststellen, dass die Pflegekräfte mit dem Berichtswesen insgesamt zufriedener sind als die Mediziner. Die Ärzte geben an, ihre Entscheidungen eher aufgrund ihrer Erfahrung zu treffen und nicht aufgrund der Informationen aus den Berichten. Dies spricht für eine hohe Selbstüberzeugung

---

**SfP** Zusätzlicher Verlagsservice für Abonnenten von „Springer für Professionals | Finance & Controlling"

| Zum Thema | Berichtswesen im Krankenhaus | 🔍 Suche |
|---|---|---|

**finden Sie unter www.springerprofessional.de 243 Beiträge, davon 75 im Fachgebiet Finance & Controlling** Stand: September 2015

**Medium**

☐ Zeitschriftenartikel (23)
☐ Buchkapitel (220)

**Sprache**

☐ Deutsch (242)
☐ Englisch (1)

**Von der Verlagsredaktion empfohlen**

Keun, F./Prott, R. (2009): Einführung in die Krankenhaus-Kostenrechnung, 7. Auflage, Wiesbaden.

www.springerprofessional.de/1826934

Pfeuffer, B./Frieling, M./Lahuis, G. J./Koch, B. (2005): Controlling im Krankenhaus – ein Praxisbericht aus dem Stiftungsklinikum Mittelrhein, in: Zeitschrift für Controlling & Management, Sonderheft 1 (49), S. 28-37.

www.springerprofessional.de/3325216

dieser Profession, die bei der Gestaltung der Berichte berücksichtigt und einbezogen werden muss. Ein Arzt stellt seine medizinische Kompetenz über ökonomische Sachverhalte, das heißt, bei überhöhten Kosten pro Fall wird er in der Regel eher aus medizinischer Perspektive mit der Fallschwere oder aufgetretenen Komplikationen argumentieren. Dementsprechend ist es wichtig, in den Berichten zusätzliche Begründungen und Hintergrundinformationen zu liefern und persönliche Gespräche anzubieten.

## *„Eine Legende für die Bedeutung der Begriffsnormen wird von Medizinern und Pflegekräften häufig vermisst."*

Welche weiteren Schlussfolgerungen können Krankenhäuser aus den Ergebnissen dieser Untersuchung für ihr Berichtswesen ziehen? Die von Blohm (1974) vorgenommene Systematisierung der Berichtsmerkmale, die nur zwischen Zweck, Inhalt, Form, Zeit und Person differenziert, sollte um weitere Berichtsmerkmale ergänzt werden. Die Analyse anhand der erweiterten W-Fragen ermöglicht eine differenziertere Betrachtung des Berichtswesens als Kommunikationsprozess. Demnach ergibt sich für die Gestaltung der Berichte und des Berichtswesens zukünftig folgende Fragestellung:

- Wer (Berichtssender)
- sagt was (Berichtsinhalte)
- zu wem (Berichtsempfänger),
- mit wem (beteiligte Gesprächspartner),
- wie (formale Darstellung und Übertragung),
- wann (Zeit),
- wie oft (Häufigkeit),
- wo (Ort und Raum),
- wozu (Zweck, der in die Zukunft gerichtet ist)
- und warum (Zweck, der sich aus der Vergangenheit begründet)?

Um das Berichtswesen im Krankenhaus effizient zu gestalten, müssen Controller auch mögliche Reaktionen der Empfänger vorausschauend berücksichtigen. Wenn beispielsweise für einen Bereich die Kosten zu hoch und die Erlöse zu niedrig sind, müssen im Bericht Lösungsvorschläge zur Kostenreduktion oder Erlössteigerung unterbreitet werden. Auch Unterschiede in Bezug auf Berufsgruppenzugehörigkeit, Alter, Geschlecht, Wissensstand und Erfahrungshintergrund der Akteure sind zu beachten. So können Controller die Heterogenität der Mitarbeiter im Krankenhaus positiv nutzen und dadurch ein wichtiges Bindeglied für Pflege, Medizin und Management sein.

### *Literatur*

Blohm, H. (1974): Die Gestaltung des betrieblichen Berichtswesens als Problem der Leitungsorganisation, 2. Auflage, Herne, Berlin.

Taschner, A. (2015): Management Reporting und Behavioural Accounting, Verhaltenswirkungen des Berichtswesens im Unternehmen, Wiesbaden.

Weber, J. (2014): Verhaltensanalyse im Controlling, Durch psychologische Erkenntnisse den Unternehmenserfolg steigern, Advanced Controlling, Band 91, Weinheim.

[sfp]* Zapp, W. (Hrsg.) (2015): Werteorientierte Konzeptionen im Krankenhaus, Analyse – Verfahren – Praxisbeispiele, Wiesbaden. (ID: 5564154)

*Abonnenten des Portals Springer für Professionals erhalten diesen Beitrag im Volltext unter www.springerprofessional.de/ID.

Aline Wurm, Julia Oswald,
Winfried Zapp
**Cashflow-orientiertes**
**Liquiditätsmanagement**
**im Krankenhaus**
Analyse – Verfahren – Praxisbeispiele
2016. X, 80 S. Brosch.
€ (D) 29,99 | € (A) 30,83 | *sFr 32,00
ISBN 978-3-658-09877-3

# Cashflow-Analyse als aktuelles Managementinstrument

Dieses Fachbuch befasst sich mit der Frage, inwiefern durch das cashflow-orientierte Liquiditätsmanagement die aktuelle und zukünftige Zahlungsfähigkeit von Kranken- häusern sichergestellt werden kann. Dazu wird zunächst dargestellt, welche Informa- tionen die Instrumente Cashflow-Statement und cashflow-basierte Liquiditätsplanung beinhalten müssen, damit das Management durch zielgerichtete finanzwirtschaftliche Entscheidungen das finanzielle Gleichgewicht einer Unternehmung damit auch die Liquidität sicherstellen kann. Anschließend werden das Cashflow-Statement und die Liquiditätsplanung in einer Modelleinrichtung beschrieben, analysiert und bestehende Defizite sowie mögliche Ergänzungen und Weiterentwicklungen aufgezeigt. Damit verdeutlicht die praktische Untersuchung Optimierungsmaßnahmen für die festgestellten Schwachstellen. Ergänzend werden weitere Vorschläge zur Verbesserung der bisherigen cashflow-orientierten Instrumente vorgestellt. Die cashflow-orientierte Liquiditäts- planung wird mit ihrer lang-, mittel- und kurzfristigen Perspektive wird in Berichtsform entwickelt und erläutert.

Jetzt bestellen auf springer-gabler.de

# Zeitenwende im Klinik-Management

Im Juni 2015 hat das Bundeskabinett die nächste große Krankenhausreform beschlossen. Das Krankenhausstrukturgesetz sieht eine Konsolidierung des Leistungsangebots für mehr Versorgungsqualität vor. Um die Wettbewerbsfähigkeit ihres Krankenhauses langfristig zu sichern, müssen Krankenhaus-Manager und Controller neue Anforderungen erfüllen.

*Michael Philippi*

Spezialisierung, Konzentration, Umwidmung von Standorten, Abbau von Überkapazitäten, Qualitätsoffensive: Diese Schlüsselbegriffe aus den Entwürfen zur aktuellen Krankenhausgesetzgebung belegen eindeutig, dass sich die deutschen Krankenhäuser in einem grundlegenden Umbruch befinden. Auch wenn der Weg dahin noch kontrovers diskutiert wird, das Ziel einer Neugestaltung des Krankenhaussektors ist eindeutig formuliert. Die Zahl der Krankenhäuser, Art und Anzahl der erbrachten Leistungen und die starke Fragmentierung des Leistungsangebots sollen im Rahmen eines spürbaren Konzentrationsprozesses verändert werden. Perspektiven sind bessere Qualität und begrenzte Kosten für Krankenkassen und öffentliche Hand. In dieser Phase Krankenhäuser erfolgreich zu führen, verlangt nach anderen Fähigkeiten als in der Vergangenheit. Operative Maßnahmen reichen nicht mehr, es bedarf der Beantwortung strategischer Fragen. Entsprechend verändert sich das Aufgabenprofil im Controlling.

*Dr. Michael Philippi*
*ist Vorsitzender des Vorstands*
*der Sana Kliniken AG.*

## Zukunftsfähigkeit verlangt neue Antworten

Traditionell sind Management und Controlling im Krankenhaus stark geprägt von kurzfristigen Betrachtungszyklen. Die Ursachen dafür sind vielfältig:

- Fokussierung auf den einjährigen Pflegesatz- und Budgetzeitraum,
- viele – auch bedeutsame – regulatorische Eingriffe mit geringem Vorlauf,
- ein gegenüber anderen Branchen deutlich abgeschwächter existenzieller Druck und
- das systemimmanente Fehlen klassischer und langfristiger Management-Optionen wie Standortverlagerung, Eintritt in neue Märkte, Produktdiversifikation oder Investitionsentscheidungen unter Unsicherheit.

An der Investitionsfinanzierung kann man inzwischen den Wandel sehr gut deutlich machen. Es stellt einen grundlegenden Unterschied dar, ob sich langfristig wirkende Investitionen rechnen müssen oder ob sie über einen öffentlichen Zuschuss finanziert werden. Letzteres ist heute im dualistischen Krankenhausfinanzierungssystem dem Grunde nach angelegt. Die Grundpfeiler des Systems sind seit 1972 nicht verändert worden. Das Volumen der öffentlichen Förderung wird seit geraumer Zeit dem Bedarf aber nicht mehr

*„Es geht darum, nachhaltige Angebote und medizinische Leuchttürme mit Ausstrahlung für das gesamte Krankenhaus zu identifizieren."*

gerecht. Viele Bundesländer sind dazu übergegangen, anstelle der bisherigen Einzelförderung von großen Investitionsmaßnahmen allen Kliniken des Landes eine leistungsbezogene Baupauschale zur Verfügung zu stellen. Man kann es den Bilanzen der Krankenhäuser inzwischen ansehen: Nicht mehr der klassische Sonderposten aus Fördermitteln dominiert die Passivseite, sondern ein veritabler Anteil aus Eigenmitteln zu finanzierender Abschreibungen. Aktuell wird sich diese Situation weiter verschärfen.

Michael Philippi
Sana Kliniken AG, Ismaning, Deutschland
E-Mail: Michael.Philippi@sana.de

Damit sind grundlegendere Entscheidungen in einem anderen wirtschaftlichen Kontext zu treffen, als dies – jedenfalls für viele Krankenhäuser – lange Zeit notwendig war. In einer solchen Phase reichen die Potenziale operativer Maßnahmen nicht mehr aus. Der eindeutig belegbare Wille von Politik und Gesetzgebung zur Reduzierung des Klinikangebots unterstützt diese Entwicklung. Selbstverständlich bedeutet Management heute und in Zukunft, den Alltag des Krankenhauses zu bewältigen sowie die tägliche Balance zwischen Patienteninteressen, Beschäftigtenansprüchen und wirtschaftlichem Rahmen zu finden. Diese Balance immer wieder auszutarieren, ist eine zwingend notwendige Voraussetzung für ein erfolgreiches Krankenhaus. Das ist aktuell aber längst nicht mehr der Schlüssel zum Erfolg.

## Aufgaben werden strategischer

Vor dem Hintergrund der aktuellen Entwicklung der Rahmenbedingungen werden die Aufgabenstellungen deutlich komplexer und langfristiger:

1. Was mache ich in Zukunft nicht mehr?
2. In welchen Feldern bin ich zu Wettbewerb bereit und fähig?
3. Wofür benötige ich einen Partner?

Vereinfacht gefragt: Was habe ich erfolgreich getan, um die Wettbewerbsfähigkeit meines Krankenhauses langfristig zu sichern? Das ist der Maßstab, an dem das Krankenhaus-Management künftig gemessen wird. Damit verbunden sind eine exponentielle Zunahme der Unsicherheit und des Fehlerpotenzials, unter der Entscheidungen getroffen werden, sowie der damit zu bewältigenden Konflikte. Die vielen Veränderungen in den Führungsetagen der deutschen Krankenhäuser, über alle Trägergruppen hinweg, sind ein eindeutiger Indikator für diese neue Situation.

Angesichts der zwar populistischen, aber derzeit rahmensetzenden politischen Bewertung, wonach nicht mehr alle Krankenhäuser alles machen sollen, werden sich mehr Ent-

*„Krankenhäuser erfolgreich zu führen, verlangt nach anderen Fähigkeiten als in der Vergangenheit."*

scheidungsträger der Krankenhäuser als jemals zuvor mit einer neuen Herausforderung beschäftigen müssen: dem Verzicht auf ein Leistungsangebot, eine Fachabteilung oder sogar auf das Betreiben des gesamten Krankenhauses.
Künftig werden:
- Qualitätsanforderungen, Mindestmengen (zum Beispiel Knieendoprothetik) und Standards das Leistungsgeschehen in Fachabteilungen begrenzen,
- regionale Bedarfe (zum Beispiel in der Geburtshilfe) oder ambulante Potenziale (zum Beispiel in der Augenheilkunde) und neue industrielle Strukturen (zum Beispiel bei Labor, Radiologie, Strahlentherapie) das Vorhalten von Fachabteilungen beeinflussen,
- und das Fehlen von Synergiepotenzialen das (alleinige) Betreiben des gesamten Krankenhauses unmöglich machen.

Eng damit verbunden muss die Bereitschaft sein, sich dem Leistungs- und Qualitätswettbewerb zu stellen. Aber anders als in der Vergangenheit kann es nicht mehr darum gehen, immer dann, wenn sich eine Chance für eine neue Fachabteilung oder eine weitere Subspezialität bietet, aktiv zu werden. Vielmehr geht es darum, nachhaltige Angebote und medizinische Leuchttürme mit Ausstrahlung für das gesamte Krankenhaus zu identifizieren.

Auch das bei aller Tradition solitär agierende Krankenhaus einer Stadt oder Kirchengemeinde wird bald der Vergangenheit angehören. Ohne stabile Partnerschaften, regional oder überregional agierende Verbünde, fehlt es an Plattformen, um sowohl auf der Leistungs- als auch auf der Kostenseite Synergien und Skaleneffekte zu heben. Höhere Qualitätsanforderungen, die Erwartungen von Patienten und Angehörigen, die Erwartungen der Mitarbeiter und die fragile Situation auf dem Arbeitsmarkt verschärfen den wirtschaftlichen Druck auf die Kliniken enorm. Die Erfahrung aus anderen Branchen lehrt, dass nur größere Einheiten damit fertig werden.

### Zusammenfassung
- Krankenhäuser stehen vor einer Entwicklungsphase, die geprägt ist von grundlegenden neuen Anforderungen, die konstitutiven Merkmale des Betriebs langfristig zu gestalten.
- Damit verändern sich die Erfolgsfaktoren für das Management und das Krankenhaus-Controlling, von der Beherrschung des operativen kurzfristigen Geschehens hin zu strategischen Fähigkeiten.
- Fähigkeiten und Instrumente sind so weiterzuentwickeln, dass auch unter deutlich größerer Unsicherheit verlässliche und Erfolg versprechende Entscheidungen getroffen werden können.

Was bedeutet dies für das Management – und logischerweise für das Controlling? Es sind vor allem die folgenden Aspekte, die neu oder anders zu bewerten sind:

- Entscheidungen müssen unter größerer Unsicherheit getroffen werden – auf Grundlage einer diffusen Informationslage.
- Entscheidungen sind – jedenfalls kurz- und mittelfristig – nicht reversibel.
- Es werden mehr Koalitionspartner benötigt.

Der Unterschied zu operativen Anforderungen besteht insbesondere darin, dass das Management nicht mehr die Deutungshoheit über die Folgen einer Entscheidung hat. Je grundlegender eine Veränderung ist, je weitgehender die Konsequenzen, desto größer wird die Zahl derjenigen, die mitreden – Protagonisten wie Gegner. Angesichts der Öffentlichkeit, in der dies im Gesundheitswesen normalerweise erfolgt, bedarf es einer vollkommen anderen Vorbereitung, Durchführung und Nachbereitung der Entscheidungen.

In der Interaktion derjenigen, die langfristige Entscheidungen der Krankenhausträger vorbereiten müssen, sind die Veränderungen deutlich erkennbar. Im Management von Kran-

kenhäusern wächst derzeit der Bedarf an Persönlichkeiten mit hervorragenden Kommunikations- und Konfliktlösungsfähigkeiten. Im gleichen Maße baut sich – als fachliche Unterfütterung – für das Krankenhaus-Controlling das Anforderungsszenario auf, das gewohnte Vorgehen durch neue Blickwinkel zu ergänzen.

## Was gutes Controlling künftig ausmacht

Wer langfristige Entscheidungen treffen muss und erst beim aktuellen Anlass auch entsprechende Rechnungen erarbeiten will, wird scheitern. Die erste Voraussetzung für ein sachgerechtes Controlling strategischer Maßnahmen ist eine gute Routine im Umgang mit mehrjährigen Planungs- und Kontrollrechnungen. Wer sich mit den Patienten- und Einweiserstrukturen seines Einzugsgebietes nicht regelhaft beschäftigt, wird sich schwertun, im Falle des Aufbaus einer neuen Abteilung alle wesentlichen Implikationen sachgerecht abbilden zu können. Die Simulation von Entscheidungen bis auf die Ebene von Bilanz, Gewinn und Verlust sowie Liquidität muss mit standardisierten Controlling-Instrumenten eingeübt sein, bevor diese bei grundlegenden Entscheidungen mit

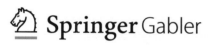
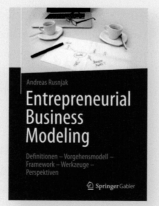

## Kernthesen

- Das Krankenhausstrukturgesetz fördert die grundlegende Veränderung der Krankenhausbranche.
- Krankenhäuser sind wie andere Unternehmen gefordert, die quantitative und qualitative Zukunftsfähigkeit ihres Leistungsangebotes zu bewerten.
- Häuser ohne Verbund werden es auf dem deutschen Krankenhausmarkt zunehmend schwerer haben.

konstitutiver Wirkung, wie zum Beispiel der Veräußerung eines Krankenhauses oder der Fusion mit einem anderen Krankenhaus, eingesetzt werden. Zu den unerlässlichen Voraussetzungen für ein suffizientes strategisches Controlling gehört aber auch, dass die Berichtsqualität bei den kurzfristig ausgelegten Rechnungen verlässlich ist. Abweichungen bei kurzfristigen Rechnungen schaffen kein Vertrauen für langfristige Planungen.

Der vielleicht entscheidende Faktor ist aber das Denken in Szenarien, das Gegenüberstellen von Worst-, Base- und Best-Case-Szenarien mit einem Stresstest für die wesentlichen Annahmen. Welcher Trägervertreter kennt nicht die optimistischen Rechnungen von Management und Controlling zum Aufbau von Ressourcen für neue Leistungsfelder? Zu verlockend ist die Aussicht, über mehr Leistungen einen Deckungsbeitrag für die Fixkosten zu erwirtschaften. Häufig ist die Ernüchterung dann groß, weil entweder der Mitbewerber schneller und besser war oder schlicht das Erarbeiten von Patientenvertrauen viel langsamer erfolgte als der Aufbau der Ressourcen. Bei einfachen Entscheidungen mögen Fehleinschätzungen zu verschmerzen sein. Bei komplexen Entscheidungen bedarf es einer anderen Transparenz über die Chancen und Risiken, die mit einzelnen Annahmen verbunden sind. Zwingend erforderlich ist damit, für die wesentlichen Annahmen positive und negative Alternativen zu simulieren.

## „Der vielleicht entscheidende Faktor ist das Denken in Szenarien."

Strategisches Controlling bedeutet zwangsweise, mit unvollständigen Informationen leben zu müssen. Umso wichtiger ist die Konzentration auf wenige, aber eindeutige Erfolgshebel. Es sind nicht die Rechnerkapazitäten, die den Aufbau von umfassenden Business-Modellen beschränken,

sondern die begrenzten Fähigkeiten der Entscheidungsträger, die Komplexität der Ergebnisse auch würdigen zu können. Umso wichtiger ist es, die entscheidenden Faktoren für den Erfolg oder Misserfolg eines Projekts herauszuarbeiten und die Debatte auch darauf zu lenken.

Sich über alle Aspekte des Projekts im Klaren zu sein, ist eine weitere wesentliche Anforderung für größere Entwicklungsmaßnahmen. So selbstverständlich es klingen mag, Projekt-Management und -Controlling sind keine Alltäglichkeiten in deutschen Krankenhäusern. Gerade bei großen Veränderungen ist das Verständnis für die Grundlagen, wie ein Projekt funktioniert, jedoch unerlässlich: Verantwortlichkeiten, Widersacher, Förderer, Mannschaftsaufstellung, Budget, Zeitplan und so weiter. Für einen privaten Krankenhausträger sind der Kauf und die Integration eines Krankenhauses auch etwas Besonderes, aber die Abläufe sind mehrfach eingeübt. Für einen Krankenhausträger, der erstmalig – und vielleicht auch nur einmalig – eine Fusion realisieren will, fehlt es immer an der Erfahrung. Ausgleichen kann er dies nicht, mit einer sorgfältigen Vorbereitung wachsen aber die Erfolgsaussichten.

Eine letzte Anmerkung: Entscheidungen im Krankenhaus, erst recht mit langfristigen Auswirkungen, müssen in einem nicht nur rationalen Umfeld getroffen werden. Die Schließung eines Krankenhauses oder einer Fachabteilung treibt grundsätzlich nicht nur die Beschäftigten, sondern auch die Bevölkerung und in der Folge die Politik auf den Plan, ganz gleich, welche qualitativen oder ökonomischen Implikationen mit der Aufrechterhaltung verbunden sind. Beispielhaft kann man sich die Umstände der jüngsten Schließungen geburtshilflicher Abteilungen ansehen, wie zum Beispiel auf Sylt oder in Oldenburg. Bei aller Würdigung der harten Fakten bedarf es daher immer einer sorgfältigen Abschätzung der zu erwartenden „Begleiterscheinungen", weil diese mindestens den Zeitplan und die erforderliche Management-Intensität, wenn nicht sogar das Gesamtergebnis, maßgeblich beeinflussen.

## Verbundstrukturen schaffen Vorteile

Was unterscheidet die künftige Ausrichtung von Management und Controlling in Verbundstrukturen von dem „Einzelkämpferdasein" – bei den für alle Daseinsformen sich verschärfenden Rahmenbedingungen? Zum einen sind es die Fähigkeiten, voneinander zu lernen und damit schneller Instrumente weiterentwickeln zu können. Zum anderen sind es die Möglichkeiten, Know-how in Form von Mensch und Maschine vorzuhalten, weil auch substanzielle Fragestellungen regelmäßig zu beantworten sind – ganz allgemein die Nutzung von Synergien und Skaleneffekten. Gerade in fundamentalen Entwicklungsphasen von Branchen, wie wir sie im Gesundheits- und Krankenhauswesen aktuell erleben, ist die Anpassungsgeschwindigkeit entscheidend, mit der konkrete Maßnahmen identifiziert und umgesetzt werden.

Hinzu kommt ein wesentlicher Wettbewerbsvorteil: „Gute Spieler suchen sich gute Mannschaften." Krankenhäuser in einer mittel- und langfristig kritischen Situation laufen Gefahr, unattraktiv zu werden vor allem für Führungspersonal und fachlich besonders qualifizierte Mitarbeiter. Größere Verbünde, denen insgesamt eher Wettbewerbsfähigkeit attestiert wird, können hier Imagevorteile ausnutzen.

## Schlussbetrachtung

Albert Einstein hat gesagt: „Die reinste Form des Wahnsinns ist es, alles beim Alten zu lassen und gleichzeitig zu hoffen, dass sich etwas ändert." Die Anforderungen an die Krankenhäuser nehmen rasant zu. Die demografische Falle – die Patienten werden älter, das Personal auch – schnappt zu, ohne dass es einen gesellschaftlichen Konsens gibt, diesen Phänomenen mit mehr Finanzmitteln zu begegnen. Technologische Antworten, wie sie viele andere Branchen gefunden haben, werden bei der Dienstleistung Gesundheit auch künftig allenfalls flankierenden Nutzen stiften. Sie können aber nicht den Bedarf an fachlicher und menschlicher Zuwendung ersetzen. Wenn dennoch berechtigte Anforderungen der Patienten in einer für unser Sozialwesen tragfähigen Form auf Dauer erfüllt werden sollen, muss das Angebot zu-

### Handlungsempfehlungen
- Analysieren Sie Ihre Controlling-Kompetenz beziehungsweise Controlling-Instrumente in Bezug auf Eignung für strategische Planungs- und Kontrollaufgaben.
- Simulieren Sie anhand „einfacher" strategischer Entscheidungen die Modellierung eines Business Plans in Szenarien.
- Vergewissern Sie sich, dass Ihr Projekt-Management personell und technisch auch anspruchsvolleren Aufgaben gewachsen ist.

gunsten einer anderen Arbeitsteilung, Spezialisierung und Konzentration verändert werden. Krankenhaus-Manager und -Controller müssen sich, um diesen Prozess einzuleiten und zu vertretbaren Ergebnissen zu führen, aus der eher bewahrenden Rolle lösen und einen aktiven und innovativen

*„Im Management von Krankenhäusern wächst derzeit der Bedarf an Persönlichkeiten mit hervorragenden Kommunikations- und Konfliktlösungsfähigkeiten."*

Veränderungswillen demonstrieren. Denen diese Metamorphose schon gelungen ist oder bald gelingt, wird auch die Bewältigung der Zukunft ihrer Krankenhäuser gelingen – wenn auch vielleicht in einer ganz anderen Form als bisher gewohnt.

---

**sfp** **Zusätzlicher Verlagsservice für Abonnenten von „Springer für Professionals | Finance & Controlling"**

**Zum Thema** | **Wettbewerb Krankenhäuser** | 🔍 Suche

**finden Sie unter www.springerprofessional.de 2.684 Beiträge, davon 460 im Fachgebiet Finance & Controlling** Stand: September 2015

**Medium**

☐ Online-Artikel (2)
☐ Zeitschriftenartikel (266)
☐ Buch (1)
☐ Buchkapitel (2.415)

**Sprache**

☐ Deutsch (2.681)
☐ Englisch (3)

**Von der Verlagsredaktion empfohlen**

Nürnberg, V./Schneider, B. (2014): Kundenmanagement im Krankenhaus, Service – Qualität – Erreichbarkeit, Wiesbaden.
www.springerprofessional.de/5063260

Offermanns, G. (2011): Krankenhausmanagement statt Krankenhausbetriebslehre: Neue Antworten auf die veränderten Ausgangslagen, in: Offermanns, G.: Prozess- und Ressourcensteuerung im Gesundheitssystem – Neue Instrumente zur Steigerung von Effektivität und Effizienz in der Versorgung, Berlin Heidelberg, S. 133-172.
www.springerprofessional.de/1776726

# Medizin-Controlling zwischen Wunsch und Klinikalltag

Krankenhaus-Controller haben den Auftrag, Qualität und Wirtschaftlichkeit ihres Hauses optimal in Einklang zu bringen. Drehen sie jedoch an einem Rädchen, hat das oft unerwartete Folgen. Controlling-Ansätze zu entwickeln, die auch im komplexen Klinikalltag funktionieren, ist die Herausforderung der Stunde.

*Rainer Sibbel, Monique Bliesener*

Vor dem Hintergrund des Strukturwandels im Gesundheitswesen rücken strategisch orientierte Aufgaben des Controllings auch in Krankenhäusern immer mehr in den Vordergrund (vergleiche Greiling 2010, S. 64). Der Kosten- und Wettbewerbsdruck hat sich durch die Einführung des Vergütungssystems nach Fallpauschalen (Diagnosis-related Groups oder DRGs) deutlich verschärft und nimmt weiter zu (vergleiche Sibbel 2011, S. 188 ff.). Zudem ist die Investitionsförderung im Krankenhaussektor durch die Bundesländer eher rückläufig. Dies zwingt die Häuser dazu, sich immer dezidierter strategisch im stationären Versorgungsbereich sowie im gesamten Versorgungsnetzwerk zu positionieren. Auch müssen sie die Möglichkeiten, die sich durch integrierte Versorgungsansätze und Kooperationen bieten, gezielt ins Auge fassen und deren Erfolgspotenziale abschätzen (vergleiche Schlüchtermann 2013, S. 162). Zweifelsohne haben die operationalen Fragen des Medizin-Controllings und der fallbezogenen Abrechnung im Krankenhaus auch weiterhin große Bedeutung, doch liegt der Handlungsrahmen des Krankenhaus-Managements nicht in der Diskussion und Entscheidung patientenindividueller Fälle. Es geht vielmehr darum, langfristige Fragen zu lösen: Auf welche Bereiche soll das Leistungsspektrum fokussiert werden? Welche Netzwerkstrategie will man fahren? Und wie sollen die Prozesse und Strukturen grundsätzlich personell und infrastrukturell ausgestaltet werden?

Zudem erweisen sich die organisatorischen Rahmenbedingungen in einem Krankenhaus als sehr komplex. Sie stellen hohe Anforderungen an die Qualität der Informationen, die das Controlling bereitstellen muss, und auch an die Qualität ihrer Kommunikation. Da Krankenhäuser berufsständisch geprägte Expertenorganisationen sind, hängen die maßgeblichen betrieblichen Entscheidungen und deren Umsetzung insbesondere von der Überzeugung der ärztlichen Entscheidungsträger ab (vergleiche Schlüchtermann 2013, S. 210 ff.). Der managementbezogene Handlungsrahmen ist somit sehr stark von Interdisziplinarität geprägt. Management und Verwaltung können letztlich das Entscheiden und Handeln der medizinisch-pflegerischen Führungskräfte nur begrenzt beeinflussen, hängen aber im Sinne der Leistungsprozesse, der Leistungsergebnisse und deren ökonomischen Folgewirkungen entscheidend davon ab.

## Mehr strategische Aufgaben für Controller

Ein ganz zentraler Zweck des Krankenhaus-Controllings ist die Unterstützung von Management-Entscheidungen. Das Controlling muss die angestrebten medizinischen wie ökonomischen Ziele beispielsweise im Rahmen einer Balanced Scorecard operationalisieren und deren Erreichungsgrad kontinuierlich nachverfolgen. Dies bildet auch die Grundlage für ein systematisches Veränderungsmanagement. Diverse Controlling-Instrumente unterstützen das Krankenhaus-Management darin, die Ziele mithilfe von Kennzahlen (KPIs) auf die Teilbereiche herunterzubrechen, zu objektivieren, zu vergleichen und nachzuverfolgen. Die Strukturen der ergänzend dazu notwendigen Berichte sollten die geplante und die reale Entwicklung von Leistungen, Erlösen und Kosten, gegliedert sowohl nach Personal- als auch nach Sachkosten,

*Prof. Dr. Rainer Sibbel*
*ist Professor für internationales Gesundheitsmanagement und akademischer Leiter des Institutes for International Health Management an der Frankfurt School of Finance & Management.*

*Monique Bliesener, MBA*
*ist Kaufmännische Leiterin des Zentrums für Innere Medizin am Klinikum Ernst von Bergmann gemeinnützige GmbH.*

Rainer Sibbel
Frankfurt School of Finance & Management, Frankfurt am Main, Deutschland
E-Mail: r.sibbel@fs.de

Monique Bliesener
Klinikum Ernst von Bergmann gemeinnützige GmbH, Potsdam, Deutschland
E-Mail: mbliesener@klinikumevb.de

## Zusammenfassung

● Das Controlling im Krankenhausbereich muss sich angesichts des zunehmenden Wettbewerbs und neuer Vergütungssysteme gerade auch im Sinne strategischer Fragestellungen weiterentwickeln.

● Die besonderen organisatorischen Rahmenbedingungen im Krankenhaus stellen auch besondere Anforderungen an das Controlling.

● Wie komplex viele Problemstellungen für das Controlling sein können und wie sie gemeinsam mit Ärzten und Pflegepersonal gelöst werden können, zeigen Beispiele aus dem Krankenhausalltag.

widerspiegeln. Im Zusammenhang mit der fallpauschalierten Vergütung auf DRG-Basis sind für Krankenhäuser Informationen darüber, wie viele Fälle in welcher DRG behandelt wurden, Informationen zu deren relativen Schweregraden (Case-Mix-Index), über die Länge des Aufenthalts der Patienten sowie über die Auslastung der Ressourcen von entscheidender Bedeutung. Grundlage dafür ist ein ausdifferenziertes, prozessorientiertes Kostenrechnungssystem, zu dem auch eine flexible Kostenträgerrechnung gehören sollte. Üblicherweise erfolgt zudem auf jährlicher Basis in einer Mischung aus Bottom-up- und Top-down-Verfahren die Wirtschaftsplanung für die Folgejahre. Dies bildet den wesentlichen Ausgangspunkt für die Budgetverhandlungen mit den Krankenkassen.

Hierbei wird zunächst die zu erwartende Leistung anhand von Fällen und sogenannten Case-Mix-Punkten geplant. Dazu werden alle geplanten beziehungsweise zu erbringenden Behandlungsfälle des kommenden Jahres relativ gewichtet. Sie ergeben den Case-Mix einer Abteilung. Die Summe dieser gewichteten Fälle wird mit dem jeweils je Bundesland geltenden Basisfallwert multipliziert und ergibt den geplanten Umsatz aus stationären Leistungen für den Planungszeitraum. Hinzu kommen in der Regel weitere Erlösquellen wie Zusatzentgelte, Tagesklinikentgelte und Entgelte für neue Befund- und Untersuchungsmethoden. Sowohl für die Erlös- als auch für die Kostenseite ist eine detaillierte Personalplanung essenziell. Sie erfolgt typischerweise bereichsabhängig und bezieht sich entweder auf die verschiedenen geplanten Leistungen oder direkt auf die Besetzung der Schichten, differenziert nach den notwendigen Qualifikationsprofilen. Für die Investitionsplanung und -finanzierung sind Entscheidungen

zur Geräteausstattung von besonderer Relevanz. Diese sind allerdings sehr eng mit Fragen der zukünftigen medizinischen Ausrichtung und Schwerpunktbildung der Klinik verknüpft.

Über diese eher klassisch finanzorientierten Themenfelder und die statischen Instrumente des Controllings hinaus gewinnen strategische Aufgaben zur Planung und Steuerung enorm an Bedeutung. Hintergrund sind der Strukturwandel sowie die Tatsache, dass sich Krankenhäuser heute als moderne Dienstleistungsunternehmen im Wettbewerb positionieren müssen. Zu diesen Aufgaben zählen umfassende Analysen zur Umfeld- und Wettbewerbssituation, Analysen zur Qualität und Wirtschaftlichkeit der erbrachten Leistungen im internen wie im externen Vergleich sowie Analysen zur Personalentwicklung. Ziel dieser strategisch orientierten Analysen muss es sein, zukünftige Herausforderungen und Erfolgspotenziale für das Krankenhaus zu identifizieren sowie Strategien und Maßnahmen anzustoßen, um den Herausforderungen gezielt begegnen und die Erfolgspotenziale ausschöpfen zu können (vergleiche Greiner/Hodeck 2010, S. 233 ff.).

## Alltagshürden im Krankenhaus-Controlling

Sowohl hinsichtlich der operativen Aufgaben als auch hinsichtlich der strategischen Fragestellungen ist der Stand des Controllings in deutschen Krankenhäusern nach aktuellen Studien immer noch deutlich verbesserungswürdig (vergleiche DVKC 2015). Der Alltag – insbesondere der kaufmännischen Verantwortlichen – ist häufig davon geprägt, dass sie auf Grundlage der ihnen zur Verfügung gestellten Informationen mit einem hohen Ausmaß des „unvorhersagbar Unbekannten" umgehen müssen. Führungskräfte im Krankenhaus sehen sich mit einem mannigfaltigen Aufgabengebiet zwischen Controlling und Management konfrontiert. Sie müssen aus den Berichten und Auswertungen handlungsorientiert Schlussfolgerungen ziehen. Wo hier die besonderen Herausforderungen liegen, soll an einigen Fragestellungen aus dem Alltag in einem Krankenhaus illustriert werden.

Die Anzahl der Betten im Krankenhaus und deren Klassifikation sind durch den Landeskrankenhausplan festgelegt. Daher ist es auch in Zeiten von akuten Epidemien, wie zum Beispiel bei einer Grippewelle, nicht möglich, beliebig viele Betten der jeweils zuständigen Abteilung zu belegen. Patienten müssen in solchen Fällen auch in fachfremden Abteilungen aufgenommen werden. Dies kann sich bei Letzteren jedoch in veränderten Leistungskennzahlen niederschlagen. Die gesamte Leistungsbeurteilung wird unter Umständen verzerrt.

Wenn sich ein Krankenhaus neu auf eine bestimmte Behandlungsmethode spezialisiert, kann das ähnliche Probleme aufwerfen. Werden dafür nämlich zusätzliche Betten benötigt, aber nicht genehmigt, müssen Betten in anderen Abteilungen freigemacht werden. Das kann nur gelingen, wenn die Verweildauer der Patienten in diesen anderen Abteilungen abgesenkt wird. Für die jeweilige Abteilung bedeutet das, dass sich trotz kürzerer Verweildauer und geringerer Bettenzahl die Patientenanzahl erhöht. Es bedeutet jedoch nicht uneingeschränkt, dass die Erlöse in identischer Höhe wie zuvor erzielt werden können.

So können beispielsweise in Abteilungen mit typischerweise langer Verweildauer, wie etwa in der Hämatologie oder in der Onkologie, Bettenkapazitäten freigemacht werden, indem man die Patienten über Feiertage und Wochenenden nach Hause entlässt und sie in der darauffolgenden Woche erneut aufnimmt. Damit fallen allerdings die Langliegerzuschläge weg. Diesen Erlösausfall bei stationären Patienten durch einen höheren Bettenumschlag zu kompensieren, ist nicht trivial. Und auch der erhöhte Leistungsumfang, der sich für Ärzte und Pflege durch die höhere Anzahl an Patienten bei gleicher Belegung ergibt, fängt diesen Erlösverlust nicht immer auf. Folglich ist es die Aufgabe der kaufmännischen Leitung, zusammen mit dem Chefarzt eine praktikable Lösung zu finden und das Personal zu motivieren. Eine Möglichkeit könnte beispielsweise sein, eine ohnehin vorhandene Tagesklinik zu nutzen, dort entsprechend Personal aufzustocken und mehr ambulante Behandlungszeiten anzubieten.

Noch langfristiger und komplexer stellt sich das Problem der Ausrichtung des Leistungsspektrums und der zugehörigen Auslegung der Kapazitäten dar, wenn beispielsweise eine neu beantragte und geplante medizinische Fachabteilung eingerichtet und eröffnet werden soll. Bleiben die realisierten Case-Mix-Punkte beispielsweise aufgrund von Personalbesetzungsproblemen hinter den geplanten zurück, so müssen diese von anderen Abteilungen zusätzlich erbracht werden. Auch dann gilt es, diese Abteilungen personell wie prozessbezogen entsprechend zu stärken.

Der viel diskutierte Fachkräftemangel im Bereich der Pflege ist in der täglichen Arbeit auf den Stationen deutlich zu spüren. Pflegerische Stationsleitungen sind zumeist rund 50 Prozent ihrer Zeit mit der Organisation der Schichtbesetzungen beschäftigt. Dabei wird häufig das eigene Personal über Leasingfirmen mit Fremdpersonal ergänzt und unterstützt, was das Problem aber nur zum Teil löst. Leasingkräfte sind in der Regel teurer als die eigenen Mitarbeiter, kennen aber selten die Prozesse und die relevanten Ansprechpartner im Haus. Einsatz- und Schichtwünsche der Leasingkräfte werden eher berücksichtigt, und ungeliebte Aufgaben wie das Auffüllen von Schränken, das Bestellen von Materialien und Botengänge zum Labor werden folglich weiter vom Stammpersonal übernommen. Dem Leasingpersonal gelingt es zudem besser, sich von Problemen des Teams abzugrenzen und weitestgehend von Umbrüchen auf der Station und im Unternehmen unbehelligt zu bleiben (vergleiche Bräutigam et al. 2010, S. 25 ff.). Zu guter Letzt hält sich das Gerücht, dass das Leasingpersonal möglicherweise mehr verdient als die hauseigenen Mitarbeiter.

Daher muss die Management-Ebene Personalkonzepte entwickeln, die die Personalbindung fördern und den Klinikalltag sichern. Als Steuerungsinstrument und zuverlässige Informationsquelle steht dazu in vielen Krankenhäusern ein Personal-Controlling-Tool zur Verfügung, das Auskunft über Gesundheits- und Fluktuationsquoten, Anzahl der Vollkräfte, Neuzugänge, bezahlte Überstunden und die Kostenstellen gibt. Das Personalkonzept gibt vor, wann und wo die Pflege durch Servicemitarbeiter gezielt entlastet werden soll, wobei es gilt, die Wirtschaftlichkeit dieser Maßnahmen klar im Blick zu behalten.

Eine weitere Herausforderung für das Controlling im Personalbereich ist die Ausarbeitung eines praktikablen Rotationsmodells für Nachwuchsärzte gemeinsam mit den medizinischen Fachabteilungen und der Personalentwicklung. Angesichts des „War for Talents" ist die Weiterbildung der Jungärzte von großer Bedeutung. Das Erfolgsrezept ist die systematische Rotation durch die diversen Spezialisierungen. In der Praxis erfordert dieses Konzept aber eine sehr genaue Planung und eine engmaschige Kommunikation zwischen dem für die Weiterbildung Verantwortlichen und der Verwaltung beziehungsweise dem Controlling. Besonders schwierig wird die Planung durch die Thematik Urlaub. Die Urlaube der Rotanten müssen in die

## Kernthesen

- Fragen zur Positionierung und zur Wirtschaftlichkeit erfordern strategische Entscheidungen.
- Nur in enger Zusammenarbeit mit den medizinischen und pflegerischen Führungskräften kann Krankenhaus-Controlling gelingen.
- Freie Kapazitäten für andere Patienten zu nutzen, ist im Klinikalltag oftmals nicht einfach.
- Leasingpersonal und die Rotation von Nachwuchsärzten machen das Personal-Controlling komplex.
Bei der Optimierung von Prozessen spielt das Controlling eine entscheidende Rolle.

ohnehin komplexe Urlaubsplanung für das Stammpersonal der Abteilungen eingefügt werden. Dabei müssen in erster Linie natürlich die Behandlungsqualität und Sicherheit der Patienten sichergestellt sein. Es gilt aber auch, die Assistenzärzte mit einer zufriedenstellenden Ausbildung an das Haus zu binden und somit für eine stabile Personaldecke zu sorgen.

Des Weiteren ist die Optimierung von Prozessen und der Kommunikation für die tägliche Arbeit auf der Station essenziell und bedarf der Unterstützung durch das Controlling. Dies gilt insbesondere auch für die zentrale Notaufnahme. In der Praxis treffen dort nicht nur Notfälle ein, sondern auch von anderen Häusern verlegte Patienten, die für eine Operation angemeldet sind. Durch eine verbesserte Kommunikation mit den zuweisenden Instanzen kann das Personal in der Notaufnahme bereits vor dem Eintreffen des Patienten die Informationen erhalten, die es benötigt, um zeitnah den richtigen Ansprechpartner auf der jeweiligen Station zu finden. Das Controlling hat gemeinsam mit dem Qualitäts-Management die Aufgabe, die Effekte solcher Prozessverbesserungen im Vorfeld einzuschätzen, zu validieren und fortlaufend zu überprüfen.

## Kommunikation als Schlüssel

Die dargestellten Beispiele und Aufgaben des Controllings im Krankenhausalltag machen deutlich, dass es nicht reicht, die relevanten Informationen zur Planung, Steuerung und Kontrolle zur Verfügung zu stellen. Um erfolgreich zu sein, muss das Controlling diese Informationen vor allem auch adressatengerecht und handlungsorientiert aufbereiten und kommunizieren (vergleiche Weber/Schäffer 2014, S. 474). Denn letztlich gilt auch – oder erst recht – für Krankenhäuser, dass jegliches Verbesserungspotenzial nur ausgeschöpft werden kann, wenn sich

das Personal als Team, als Abteilung und mit der gesamten Einrichtung identifiziert, wenn es die Fortschritte in der täglichen Arbeit merklich nachempfinden kann und wenn es von der Zukunftsperspektive überzeugt ist. Demzufolge sind bei allen Zielsetzungen und wirtschaftlichen Betrachtungen der Ökonomen das „Ohr am Mitarbeiter" und ein transparenter und fundierter Informationsfluss zwischen den Berufsgruppen entscheidend für das langfristig erfolgreiche Überleben des Krankenhauses in einem sich konsolidierenden Wirtschaftssektor.

### Literatur

Bräutigam, C./Dahlbeck, E./Enste, P./Evans, M./Hilbert, J. (2010): Flexibilisierung und Leiharbeit in der Pflege, Arbeitspapier 215, Hans-Böckler-Stiftung, Düsseldorf.

Deutscher Verein für Krankenhauscontrolling DVKC (2015): Krankenhaus-Controlling-Studie 2014, Berlin.

Greiling, D. (2010): Krankenhäuser als Dienstleistungsunternehmen, in: Hentze, J./Kehres, E. (Hrsg.): Krankenhaus-Controlling, 4. Auflage, Stuttgart, S. 53-66.

Greiner, W./ Hodeck J.-M. (2010): Strategisches Controlling im Krankenhaus, in: Hentze, J./Kehres, E. (Hrsg.): Krankenhaus-Controlling, 4. Auflage, Stuttgart, S. 233-252.

Schlüchtermann, J. (2013): Betriebswirtschaft und Management im Krankenhaus, Berlin.

SfP* Sibbel, R. (2011): Rahmenbedingungen für mehr Patientensouveränität – das Arzt-Patienten-Verhältnis als Ausgangspunkt, in: Fischer, A./Sibbel, R. (Hrsg.): Der Patient als Kunde und Konsument, Wiesbaden, S. 187-209. (ID: 1815746)

Weber, J./Schäffer, U. (2014): Einführung in das Controlling, 14. Auflage, Stuttgart.

*Abonnenten des Portals Springer für Professionals erhalten diesen Beitrag im Volltext unter www.springerprofessional.de/ID.

---

# Praxisfall Privatisierung

Das größte Fachkrankenhaus für Psychiatrie in Niedersachen wurde 2007 privatisiert. Von heute auf morgen mussten neue Controlling-Strukturen geschaffen, Mitarbeiter gefunden und geeignete Software beschafft und etabliert werden. Im Rückblick werden Frust und Motivation der Mitarbeiter sowie Erfolg und Misserfolg der Prozesse deutlich.

*Thomas Zauritz*

Das AWO Psychiatriezentrum (APZ) ist mit zurzeit 740 Betten das größte Fachkrankenhaus für Psychiatrie und Psychotherapie in Niedersachsen. Das Haus gliedert sich heute in sechs Fachkliniken und war bis zum Jahr 2007 als Landeskrankenhaus in der Trägerschaft des Landes Niedersachsen. Im Rahmen der Privatisierung der Landeskrankenhäuser wurde die Einrichtung an die AWO Niedersachsen gGmbH veräußert. Die formale Übertragung erfolgte im September 2007, seit April bestand ein Geschäftsbesorgungsvertrag. Zum Zeitpunkt des Übergangs gab es keine Abteilung für Controlling und somit weder eine geeignete Software noch entsprechendes Personal. Die notwendigen Steuerungsaufgaben wurden aus der Finanzbuchhaltung heraus quasi nebenbei miterledigt und beschränkten sich auf eine Globalbetrachtung des Hauses. Innerbetriebliche Leistungen wurden nicht verrechnet. Ein eingeschränktes Krankenhausinformationssystem (KIS) bestand ausschließlich zur Verwaltung und Abrechnung von Patientendaten.

In der Mitarbeiterschaft bestand aufgrund des Verkaufs eine nachhaltige Verunsicherung. Allen Beteiligten war zwar klar, dass Veränderungen in den Arbeitsprozessen nicht nur aufgrund des Trägerwechsels notwendig waren. Dennoch lösten die Veränderungen zunächst Rechtfertigungsdruck, Fragen nach personellen Konsequenzen und potenzielle Schuldfragen bei den Mitarbeitern aus. Controlling war negativ behaftet, da es mit Kontrolle gleichgesetzt wurde. Gleichwohl war zumindest der Führungsebene bewusst, dass das APZ ohne ein funktionierendes Controlling auf Dauer nicht mehr zukunftsfähig sein würde.

## Entwurf am Reißbrett

Wenn beim Aufbau von Controlling-Strukturen darüber nachgedacht wird, welche Instrumente zur Steuerung des Krankenhauses einsetzt werden sollen, kommt es zu einer langen Liste von Berichten, die als unerlässlich angesehen werden. Das ging uns nicht anders. Basis unseres Controllings stellte zunächst eine aussagekräftige Kosten- und Leistungsrechnung dar, die es

*„Wir entwickelten einen konkreten Fahrplan, der über viele kleinere parallele Zwischenschritte einen gangbaren Weg definiert."*

ermöglichte, die internen Organisationseinheiten sinnvoll abzubilden. Dazu gehört auch eine innerbetriebliche Leistungsverrechnung, welche die Kosten der Sekundär- und Tertiärbereiche des Krankenhauses verursachungsgerecht auf die Primärbereiche verteilt. Für uns war es des Weiteren wünschenswert, langfristig neben einer Deckungsbeitragsrechnung ein vielseitiges Berichtswesen aufzubauen. Stichworte wie Kostenträgerrechnung, Budgetvorbereitung und Investitionsplanung und -controlling spielen ebenso eine Rolle wie Kennzahlensysteme oder ein externes Benchmark-System. Wir hatten eine Ahnung davon, dass unsere theoretischen Anforderungen

*Dipl.-Kfm. Thomas Zauritz* *ist Geschäftsführer der AWO Niedersachsen gGmbH, der Trägerin des AWO Psychiatriezentrums Königslutter.*

Thomas Zauritz
AWO Niedersachsen gGmbH, Königslutter, Deutschland
E-Mail: Geschaeftsfuehrung@awo-apz.de

## Zusammenfassung

• Das AWO Psychiatriezentrum verfügte zum Zeitpunkt seiner Privatisierung über keine nennenswerten Controlling-Strukturen. Dennoch gelang es, innerhalb von nur neun Monaten ein funktionierendes Controlling aufzubauen.

• Erfolgsfaktoren für den Aufbau waren die Konzentration auf einfache, wesentliche Lösungen und das Aufstellen eines konkreten Fahrplans mit kleinen Zwischenschritten.

• Probleme zeigten sich insbesondere bei der Verantwortungsdelegation, der Einführung einer Delegations- und Fehlerkultur sowie dem Aufbau von Vertrauen in das Controlling.

deutlich größer waren als das realistisch Machbare. Wir hatten die große Sorge, uns zu verzetteln. Um dies zu verhindern, stellten wir den Aufbau unter vier zentrale Aspekte.

**Think easy:** Wir beschlossen, aus der Not eine Tugend zu machen und für alle Probleme und Herausforderungen einfache, wenig komplizierte Lösungen zu finden sowie uns auf das Wesentliche zu beschränken.

**Step by step:** Es war klar, dass es keine schnellen komplexen Lösungen geben kann. Unser Ziel war es daher, klein anzufangen und kontinuierlich einen Schritt nach dem anderen zu machen, um so nach und nach zu einem belastbaren Entwicklungsstand zu kommen. Wir entwickelten dazu einen konkreten Fahrplan, der über viele kleinere parallele Zwischenschritte einen gangbaren Weg definiert.

> *„Für eine vernünftige Steuerung reichen zunächst überraschend wenige Controlling-Instrumente aus."*

**Transparenz:** Wie offen geht man mit den betriebswirtschaftlichen Daten um? Wir entschieden uns für ein hohes Maß an Transparenz für alle verantwortlichen Akteure im Haus. Die Kostenstellenverantwortlichen sollten von der Entstehung „ihrer" Planzahlen bis zur Interpretation in die Prozesse eingebunden sein, um auch Verantwortung zu übernehmen.

**Digitalisierung:** Daten sollten zukünftig mittels einer geeigneten Software schneller verarbeitet und verfügbar sein. Dabei galt es, Medienbrüche und die damit verbundenen Doppel-

arbeiten sowie manuelle Arbeiten durch das Zusammenführen von Daten weitestgehend zu vermeiden. Unsere Anforderungen an das noch zu suchende Management-Informationssystem (MIS) waren vor diesem Hintergrund schnell definiert: benutzerfreundlich, flexibel, gute Import-Funktion, guter Listgenerator und modular ausbaubar. Ähnlich verhielt es sich mit den grundsätzlichen Anforderungen an die Software der Finanzbuchhaltung, der Kostenrechnung und des KIS.

## Vom Reißbrett zur Realität

Als wir real vor unserem Reißbrett standen, dem weißen Blatt Papier, mussten wir erkennen, dass der Anspruch, den wir gern umsetzen würden, nicht einmal annähernd so schnell zu erfüllen sein würde wie gewünscht. Es war daher notwendig, im Rahmen des Machbaren klare Prioritäten zu bilden. Somit stellten wir uns die Fragen: Was brauchen wir wirklich, was können wir kurzfristig leisten? Zugegebenermaßen fallen solche Entscheidungen deutlich leichter, wenn es wie im Falle unseres Hauses keine existenzielle Krise gibt, sodass Lücken toleriert werden können und Zeit für die notwendigen Umsetzungsschritte vorhanden ist.

Bevor wir uns dem eigentlichen Thema „Controlling" intensiver widmen konnten, mussten wir erst einmal die Frage nach den zukünftigen Planungseinheiten beantworten. Im Rahmen eines Strategie-Workshops diskutierten wir mit den Führungskräften die zukünftige Ausrichtung des AWO Psychiatriezentrums und strukturierten dabei auch die Aufbauorganisation neu. Herauskam eine Profitcenter-Struktur mit sechs Profitcentern (Kliniken) und drei Costcentern. Jedem Profitcenter wurde ein Chefarzt als zentrale medizinische und disziplinarische Leitung des gesamten klinischen Personals der jeweiligen Klinik (Ärzte, Psychologen und Pflegekräfte) vorangestellt. Damit verbunden ist die operative, also die wirtschaftliche und personelle, Gesamtleitung im Rahmen der festgelegten Budgetverantwortung.

Aufbauend auf dieser neuen Organisation wurde im Herbst 2007 ein detaillierter Kostenstellenplan mit etwa 200 Kostenstellen fertiggestellt und war fortan Basis für alle weiteren Planungsüberlegungen.

Die Umsetzung erschwerte, dass wir etwa zur gleichen Zeit kurzfristig ein neues Finanzbuchhaltungsprogramm in Betrieb nehmen mussten. Dies hatte zur Folge, dass der Jahresabschluss des Jahres 2007 noch mit der alten Software erfolgte, während für das neue Geschäftsjahr parallel ab Januar alle Belege auf Kostenarten- und Kostenstellenebene bereits in der neuen Software verbucht wurden. Dies stellte eine erhebliche

Mehrbelastung dar und war ein Risiko, da ein Testbetrieb nicht möglich war.

Nun galt es auch, die Frage zu klären, wie man möglichst zeitnah zu ansatzweise brauchbaren Planzahlen auf Kostenstellenebene kommt, wenn auf differenzierte Altdaten aus den Vorjahren nicht zurückgegriffen werden kann. Damit es für das Jahr 2008 überhaupt etwas „zu controllen" gab, haben wir Ende 2007 parallel zu den anderen laufenden Projekten eine erste Wirtschaftsplanung auf zum Teil noch relativ ungenauen Datenbasen durchgeführt. Eine erste annäherungsweise Aufteilung von Kosten und Leistungen auf die Profit- und Costcenter wurde anhand von Ableitungen aus Subsystemen und Schätzungen vorgenommen. In diesem Kontext mussten die zukünftigen einzelnen Prozessschritte für effiziente Planungs- und Steuerungsprozesse definiert und alle Verantwortlichen klar benannt werden – im Zusammenhang mit der gravierenden und vielschichtigen Umbruchsituation eine nicht zu unterschätzende Aufgabe. So war es nicht damit getan, allein technische Fragen zu klären. Vielmehr geht es bei solchen prozessbedingten Fragen immer auch um Verantwortlichkeiten und damit um Machtfragen und Befindlichkeiten, die es zu berücksichtigen gilt.

Den neu aufgesetzten Planungsprozess haben wir als Gegenstromverfahren konzipiert. Die Verantwortlichkeiten sind in einer Verantwortlichkeitsmatrix festgelegt. Die Verantwortung für die Zahlen liegt neben den Controllern und Buchhaltern vor allem bei den Kostenstellenverantwortlichen selbst. Diesen obliegt es, eigenständig eine Klärung einzuleiten, sollten im Zahlenwerk Ungereimtheiten auftreten.

Während sich die Finanzbuchhaltung und die Kostenrechnung seit Jahresbeginn 2008 langsam mit Zahlen füllten, wurde als Nächstes ein MIS beschafft. Zwischenzeitlich konnten auch Mitarbeiter gefunden und zwei neue Controlling-Stellen besetzt werden. Nach dem Zeitplan sollten spätestens mit Beginn der zweiten Jahreshälfte 2008 erste Berichte aus dem MIS heraus realisiert werden, um im Anschluss daran ein entsprechendes Berichtswesen einüben zu können. Diesen eng gesteckten Zeitplan konnten wir letztlich einhalten. Der Importgenerator des MIS funktionierte reibungslos. Wesentliche Schnittstellenprobleme gab es nicht. Die Kostenstellenstruktur stimmte. Dadurch konnten die gesamten Stamm- und Bewegungsdaten aus der Kostenrechnung sehr schnell hochgeladen werden, womit das Controlling innerhalb kürzester Zeit arbeitsfähig war. Hinzu kam, dass das Erstellen von Berichten über den Listgenerator im MIS tatsächlich relativ wenig zeitaufwendig ist. Im Ergebnis

konnten so die ersten Berichte planmäßig bereits nach wenigen Wochen erstellt werden. Damit war die Voraussetzung geschaffen, Fehler im Buchungsverhalten bei der Kostenstellenzuordnung aufzufinden und die Prozesse für das Berichtswesen einzuüben.

> *„Als ein schwierigeres und nachhaltig wirkendes Problem hat sich die Delegation von mehr Verantwortung auf Mitarbeiter herausgestellt."*

Die ersten einfachen Berichte wurden analog der Struktur zur Gewinn-und-Verlust-Rechnung erstellt und jedem Kostenstellenverantwortlichen monatlich zur Verfügung gestellt. Im Sinne der festgelegten Transparenz erhält der Kostenstellenverantwortliche nicht nur die eigenen Zahlen, sondern im Sinne eines internen Benchmarks auch die Zahlen vergleichbarer Bereiche, beispielsweise anderer Stationen.

Die komplexe Einführung des KIS wurde in der Prioritätenliste zurückgestellt. Zunächst sollten die reinen betriebswirtschaftlichen Prozesse gestaltet werden und stabil laufen. Heute ist auch ein umfangreiches KIS mit elektronischer Patientenakte weitestgehend implementiert.

## Erfolge und Fehlschläge bei der Umsetzung

Auch wenn wir mit dem Verlauf der Aufbauphase letztlich mehr als zufrieden sein können, hat es auf dem Weg natürlich auch Schwierigkeiten und Rückschläge gegeben. Es ist bei Weitem nicht alles so gelaufen wie geplant. Zeitliche Engpässe waren vorprogrammiert, da der Aufbau des Controllings nicht die einzige Baustelle im Haus war. Zudem waren zu diesem frühen Zeitpunkt nach der Übernahme sehr viele Strukturen gleichzeitig im Fluss, wodurch es auch gelegentlich zu falschen Entscheidungen kam, die erst bemerkt und wieder korrigiert werden mussten.

## Kernthesen

- Ein modernes Krankenhaus-Controlling kann nur step by step aufgebaut werden.
- Es braucht viel Zeit, die Eigenverantwortung von Mitarbeitern zu stärken.
- Nicht Fehler sind das Problem, sondern die mangelnde Bereitschaft, diese zeitnah zu korrigieren.

Als ein schwierigeres und nachhaltig wirkendes Problem hat sich die Delegation von mehr Verantwortung auf Mitarbeiter herausgestellt. Obwohl eine stärkere Eigenverantwortung und die damit verbundene Entscheidungskompetenz von vielen Mitarbeitern durchaus aktiv gewünscht waren,

*„Fehleinschätzungen sind undramatisch, solange die Grundrichtung stimmt und jederzeit die Bereitschaft da ist, das Problem zeitnah zu korrigieren."*

kam es in der tatsächlichen Umsetzung dann doch an überraschend vielen Stellen zu eher zögerlichem Handeln. Freiheit bringt auch Unsicherheit mit sich, wenig Entscheidungsspielraum bringt den Vorteil der Sicherheit mit. Manch ein Verantwortlicher musste seine Absicherungsmentalität zunächst abschütteln und Entscheidungsfreude entwickeln.

In diesem Zusammenhang können wir nur bestätigen, dass Delegations- und Fehlerkultur zu einer Unternehmenskultur gehören, die erst wachsen muss und deren Änderung nur langsam vorangeht. Da der Weg zu einer größeren Eigenverantwortung aber sowohl aus Sicht der Ergebnisqualität als auch für die individuelle Arbeitszufriedenheit der Mitarbeiter langfristig von positiver Bedeutung ist, sind wir diesen Weg konsequent weitergegangen – nur nicht so schnell wie ursprünglich erwartet.

Ein weiteres zähes Problem war, dass immer wieder die Richtigkeit der Daten des Controllings infrage gestellt wurde. Das lag in der Regel daran, dass verschiedene Abteilungen eigene Auswertungen zu gleichen Themen eigenständig

*„Unsere aktuellen Herausforderungen drehen sich um die Anpassung der Controlling-Strukturen an das neue Entgeltsystem PEPP."*

und nicht abgestimmt erstellt haben. Dabei verwendeten sie zum Beispiel unterschiedliche Stichtage. Die vermeintlich unterschiedlichen Zahlen führten dazu, dass mehr über die Zahlen als über deren Aussage diskutiert wurde. Letztlich steht damit das grundsätzliche Vertrauen in die Zahlen zur Disposition. Das ist auf Dauer nicht tolerierbar. Die Problemfälle wurden deshalb konsequent geklärt. In einem solchen Fall wird noch heute festgelegt, wer über die Datenhoheit verfügt und wer im Nachgang welche Daten für die weitere Bearbeitung zur Verfügung gestellt bekommen muss.

Der plötzliche Start in die Controlling-Welt führte unvermeidbar zu Fehleinschätzungen. Das ist alles undramatisch, solange die Grundrichtung stimmt und jederzeit die Bereitschaft da ist, das Problem zeitnah zu korrigieren. In der Nachbetrachtung können wir feststellen, dass das erste Wirtschaftsjahr auf Krankenhausebene belastbar geplant war, die Detailplanungen auf Ebene der Profitcenter und Costcenter aber zum Teil doch erhebliche Abweichungen aufwiesen. Trotzdem waren diese Planungen wertvoll, da sie Raum gaben für produktive Diskussionen zwischen allen Prozessbeteiligten, insbesondere den neuen Kostenstellenverantwortlichen. Des Weiteren war der erste Wurf der innerbetrieblichen Leistungsverrechnung zu kompliziert und aufwendig gestaltet. Unsere Devise „Weniger ist mehr" hatten wir an dieser Stelle nur unzureichend umgesetzt.

Als Erfolg lässt sich zunächst einmal verbuchen, dass uns der Aufbau eines funktionierenden Controllings (Strukturen, Personen, Prozesse, Instrumente) innerhalb von etwa neun Monaten gelungen ist. Dass wir es zudem quasi ohne Vorlauf parallel geschafft haben, mit einer neuen Buchhaltungs-Software bereits zum Jahreswechsel 2008 den Geschäftsbetrieb auch auf Kostenstellenebene vollständig zu verarbeiten, ist ebenfalls ein sehr schöner Erfolg.

## Schlussbetrachtung

Seit dieser Anfangsphase hat sich unser Controlling erheblich weiterentwickelt. Vieles, was wir zum Beginn auf den Wunschzettel geschrieben haben und nicht zeitnah umsetzen konnten, ist in der Zwischenzeit etabliert. Unsere aktuellen Herausforderungen drehen sich im Wesentlichen um die Anpassung der Controlling-Strukturen an das neue Entgeltsystem PEPP. Dazu ist eine enge Abstimmung zwischen Controlling und dem zwischenzeitlich aufgebauten Medizin-Controlling notwendig. Wir haben zudem begonnen, eine Kostenträgerrechnung aufzubauen, da diese für die zukünftige betriebswirtschaftliche Steuerung unter PEPP voraussichtlich unerlässlich sein wird.

Dies alles zeigt: Wir sind im Controlling-Zeitalter angekommen, und zwar schnell. In Anbetracht der Komplexität der Aufgabe konnte dieser Schritt letztlich überraschend kurzfristig vollzogen werden. Das war zwar der Plan, die Umsetzung war jedoch alles andere als selbstverständlich.

Change Management konnte dabei in seiner vollen Bandbreite beobachtet werden. Gelernt haben wir: Weniger ist mehr! Für eine vernünftige Steuerung reichen zunächst überraschend wenige Controlling-Instrumente aus. Ferner: Ohne engagierte Mitarbeiter geht es nicht! Heute haben wir ein gut aufgestelltes Controlling, das die Steuerung des Hauses und eine vernünftige und rechtzeitige Ausrichtung auf die Zukunft sicherstellt. Ein Risikofaktor bei der Weiterentwicklung sind aber wir Führungskräfte selbst, wenn wir immer mehr Analysen anfordern, ohne den Nutzwert vorab zu hinterfragen. Und Abschaffen fällt schwerer als Einführen, mir zumindest. Ein noch größerer Bürokratietreiber kommt von außen. Politik und Kassen lösen getrieben von Transparenz- und Gerechtigkeitsüberlegungen immense Bürokratie

## Handlungsempfehlungen

- Setzen Sie Prioritäten und wollen Sie nicht alles auf einmal.
- Klären Sie die Zuständigkeiten sachlogisch, unabhängig von den Befindlichkeiten.
- Sorgen Sie für eine eindeutige Datenzuständigkeit.
- Alles macht Arbeit, überlegen Sie sich, was Sie wirklich brauchen.

aus, ohne dass dieser vernünftige Zielbeschreibungen und faire sowie realistische Kosten-Nutzen-Bewertungen zugrunde liegen. Weniger wäre aber auch hier mehr.

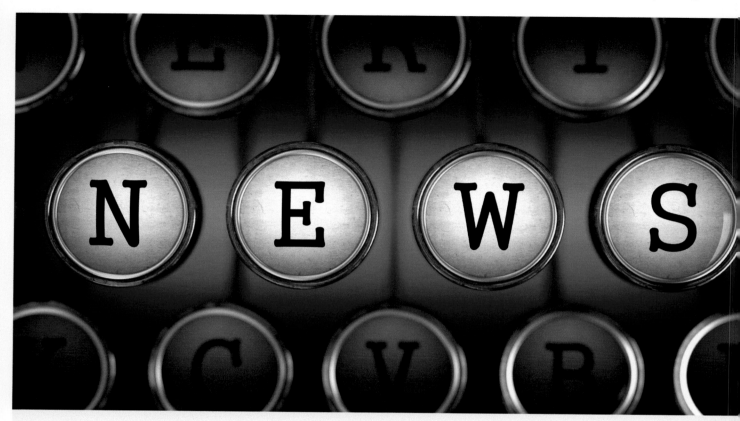

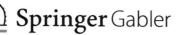

# Controlling im Krankenhaus

2015. XIV, 176 S. 28 Abb.
Brosch.
€ (D) 29,99 | € (A) 30,83 |
*sFr 37,50
ISBN 978-3-658-07837-9

W. Zapp (Hrsg.)
**Werteorientierte Konzeptionen im Krankenhaus**
Analyse – Verfahren – Praxisbeispiele

2014. XIX, 200 S. 69 Abb.,
1 Abb. in Farbe. Brosch.
€ (D) 34,99 | € (A) 35,97 |
*sFr 44,00
ISBN 978-3-658-06130-2

W. Zapp, J. Terbeck (Hrsg.)
**Kosten- versus Erlösverteilung im DRG-Systems**
Analyse – Verfahren – Praxisbeispiele

A. Wurm, J. Oswald, W. Zapp
**Cashflow-orientiertes Liquiditäts-management im Krankenhaus**
Analyse – Verfahren – Praxisbeispiele
2016. X, 80 S. Brosch.
€ (D) 29,99 | € (A) 30,83 | *sFr 32,00
ISBN 978-3-658-09877-3

2013. XIV, 80 S. 45 Abb.
Brosch.
€ (D) 29,99 | € (A) 30,83 |
*sFr 32,00
ISBN 978-3-658-04133-5

S. Hesse, J. Leve, P. Goerdeler, W. Zapp
**Benchmarking im Krankenhaus**
Controlling auf der Basis von
InEK-Kostendaten

2013. XIV, 94 S. 21 Abb.
Brosch.
€ (D) 29,99 | € (A) 30,83 |
*sFr 37,50
ISBN 978-3-658-04163-2

S. Hesse, J. Boyke, W. Zapp
**Innerbetriebliche Leistungsverrechnung im Krankenhaus**
Verrechnungskonstrukte und Wirkungen
für Management und Controlling

- Darstellung der Cashflow-Analyse als
  aktuelles Managementinstrument
- Anwendungsorientiertes Beispiel aus
  der Krankenhauspraxis
- Ist-Analyse und Modifikation

Jetzt bestellen: springer-gabler.de

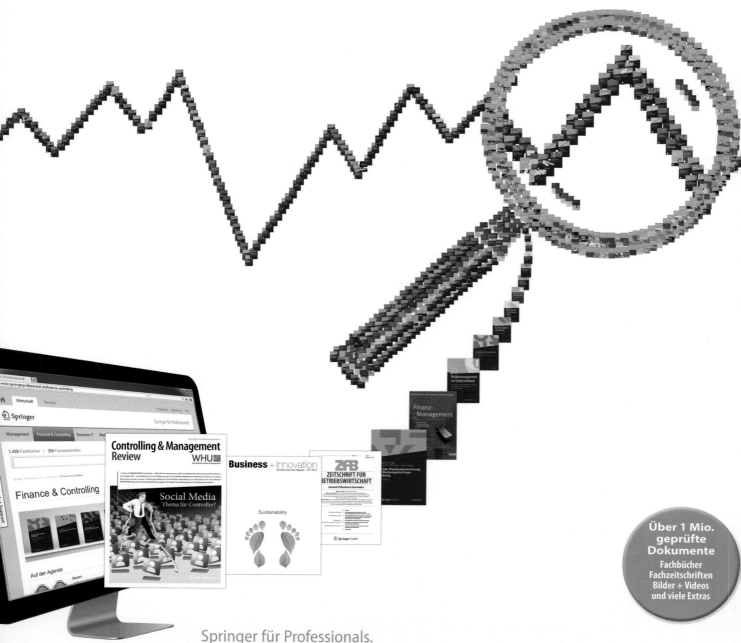

Printed in the United States
By Bookmasters